GILGAMESH
O la angustia por la muerte

Poema babilonio

Traducción directa del acadio,
introducción y notas de
JORGE SILVA CASTILLO

editorial Kairós

Numancia, 117-121
08029 Barcelona
www.editorialkairos.com

D.R. © El Colegio de México, A.C.
    y Jorge Silva Castillo

© de esta edición:
    2006 by Editorial Kairós S.A.

Primera edición: Julio 2006

I.S.B.N.: 84-7245-627-7
Depósito legal: B-31.417/2006

Fotocomposición: Pacmer, S.A. Alcolea, 106-108. 08014 Barcelona
Impresión y encuadernación: Romanyà-Valls. Verdaguer, 1. 08786 Capellades

A la memoria de mi querido profesor Réné Labat
y en testimonio de gratitud
a mi profesor y gran amigo Jean Bottéro

ÍNDICE

Impresión de sello cilíndrico. Época dinástica arcaica. Tomado de P. Amiet, *La Glyptique Mesopotamienne Archaïque*, Editions du Centre National de la Recherche Scientifique, 1961.

PRÓLOGO

El primer esbozo de esta traducción fue el resultado de las notas que tomé en un seminario de traducción de textos cuneiformes que dictaba en la École Pratique des Hautes Études el recordado profesor Réné Labat. En sus cursos se complacía en señalar no sólo las minucias de la escritura cuneiforme y los meandros de la gramática acadia, sino la manera de expresar los matices de la lengua con precisión y elegancia. A él debo el haber saboreado por primera vez el poema de Gilgamesh en su forma original. Desde entonces soñé con publicar algún día su traducción directa del acadio al español. Por muchos años estuvieron mis apuntes guardados. Nunca quise precipitarme. La traducción de una obra literaria exige tiempo y ambiente propicios. Mis responsabilidades administrativas no me permitían encontrarlos. El tiempo me lo dio una licencia sabática, que El Colegio de México generosamente me permitió gozar; el ambiente propicio me lo proporcionó el Centro de Estudio y de Conferencias de la Fundación Rockefeller en Bellagio. Me llevé mis notas y, durante un mes, me di a la tarea de poner en un español literario la traducción que yo había hecho, palabra por palabra, del acadio al francés. De ahí salió el primer borrador en español.

En Bellagio trabajé fundamentalmente sobre el español de mi traducción, únicamente con mis notas y sin diccionarios. Quedaban por resolver infinidad de dudas sobre el significado de ciertos términos acadios y por encontrar muchísimas palabras, expresiones y giros más castizos. El tiempo y el ambiente necesarios para ello nuevamente los encontré en Gif-sur-Yvette, donde mi antiguo profesor y gran amigo, Jean Bottéro, me invitó a quedarme más de un mes en su casa, mientras él hacía un viaje. Yo había seguido el curso en que él había expuesto su transcripción del cuneiforme. En ese seminario se hacía hincapié en el texto, su estructura y las ideas en él contenidas. Una cascada de información y de reflexión interesantísima... a velocidad de francés provenzal. Imposible almacenar tanta sabiduría en las notas que un alumno puede tomar en un curso. Pero en Gif, Jean me abrió su casa... ¡y sus comentarios! Un tesoro de erudición, que me ayudó a comprender mejor el texto y sus problemas, a resolver mis dudas, a decidir mis propias opciones. Además, había

11

fragmentos nuevos que yo no conocía. Revisé enteramente mi traducción y nuevamente la dejé reposar unos meses, tiempo que dediqué a rumiar los problemas que me quedaban por resolver y a sacar otros compromisos pendientes. Mientras más pulía la traducción, más inquietudes surgían respecto de la comprensión del fondo y sobre la manera en que convenía vaciarlo al español.

La última etapa de mi sabático me dio la oportunidad de retomar la traducción. Jack Sasson con gran generosidad me acogió en Chapel Hill, el bellísimo lugar en que tiene su sede más importante la Universidad del Estado de Carolina del Norte. Naturaleza hermosa, ciudad universitaria tranquila. Un ambiente ideal que me hizo muy llevadero el encierro en un cubículo de la Biblioteca Davis y me permitió, por fin, llegar a la traducción que ahora ofrezco a los lectores de habla hispana.

Agradezco pues a todos, tanto a las instituciones como a las personas que me ayudaron dándome los medios materiales e intelectuales para llevar a cabo este proyecto largamente acariciado: El Colegio de México, la Fundación Rockefeller, mis profesores, Réné Labat y Jean Bottéro, así como a mi amigo el profesor Jack Sasson, quien, además de facilitar mi trabajo en Chapel Hill, me ayudó a enseñar a mi computadora a escribir los signos diacríticos con que convencionalmente se transcribe el acadio. Agradezco también a mis buenos amigos a quienes impuse la tarea de leer mi traducción, lo que aceptaron con mucha amistad: los profesores de El Colegio de México Manuel Ruiz y Rubén Chuaqui, del Centro de Estudios de Asia y África, así como a Luis Astey y Antonio Alatorre, del Centro de Estudios Lingüísticos y Literarios. Los primeros me hicieron valiosas observaciones sobre el fondo y la forma tanto de la introducción como de la traducción en general; los segundos hicieron sugerencias sobre el estilo y correcciones del texto en español. Lo mismo debo a mi buen amigo Francisco Segovia, literato y avezado en la tarea de leer los textos pensando en las minucias editoriales; sus indicaciones sobre este aspecto importante en la presentación de una obra poética fueron preciosas, pero por encima de todo aprecio su estímulo y entusiasmo por llevar a los lectores de habla hispana esta obra que a él le parece, como a mí, tan vigente aún, a pesar de su alta antigüedad. Por último, Gonzalo Rubio, de la Johns Hopkins University, en una reseña que aparecerá en *JNES* me sugirió correcciones que he atendido en esta tercera edición. Gracias a todos ellos mi texto resultará más correcto y más castizo. Espero que el esfuerzo de darle al poema acadio una expresión española digna logre transmitir, por su lectura, esa emoción estética que yo he gozado con la traducción del texto original.

JORGE SILVA CASTILLO

PREFACIO A LA CUARTA EDICIÓN

Hace apenas poco más de cuatro años, a fines de 1994, apareció la primera edición del poema de Gilgamesh traducida directamente al español. Ha corrido con buena fortuna: la tercera edición se agotó a fines de 1998. Su demanda no cesa y era conveniente preparar una cuarta edición, incluso antes de que se vendieran los últimos ejemplares. Pero, por entonces —para ser más precisos, en septiembre de 1998—, fue publicado un pequeño fragmento[1] que me obligó a pedir a los responsables de las ediciones de El Colegio de México que me esperaran hasta conocer el novísimo texto, estudiarlo y ver qué tanto tendría que ser modificada mi traducción. Cosas que pasan en el caso de los documentos cuneiformes que se siguen desenterrando en los *tells*, los montículos que se han ido formando por las ruinas de las antiguas ciudades del así llamado Oriente Medio, al ser cubiertas a lo largo de los siglos por el polvo que sobre ellas acumulan constantemente los vientos del desierto.

Porque sucede que en las obras literarias de esa viejísima civilización, que contó con un sistema de escritura desde por lo menos tres mil años antes de nuestra era, en muy pocos años ocurren pequeñas y a veces grandes modificaciones. El encuentro imprevisto, hace poco más de veinte años, de una ciudad que había quedado oculta durante milenios, y que se pudo identificar como la ciudad de Ebla, permitió descubrir con gran sorpresa que las tablillas cuneiformes ahí exhumadas resultaron ser los documentos más antiguos en que aparece el sistema de escritura cuneiforme —originalmente perfeccionado por los sumerios varios siglos antes— empleado para expresar por vez primera una lengua semítica que llamamos ahora "eblaíta" y cuyos textos revelan que fue capital de un extenso estado de características sociopolíticas que difieren tanto de las mesopotámicas como de las egipcias. . . y esto, hacia el 2500 a.C.

Otros hallazgos parecen menos espectaculares. De pronto en las bodegas de los museos o de las universidades que poseen acervos de tablillas cuneiformes, se suele identificar algún fragmento que viene a llenar

---

[1] T. Kwasman, *A New Join to the Epic of Gilgamesh Tablet. I*, Nabu, 1998, n. 3, p. 89.

una de tantas lagunas de que están plagadas las obras literarias de aquella riquísima pero muy antigua civilización. Y éste es el caso del encuentro fortuito del pequeño fragmento que da ocasión a este prefacio.

Quienes lo identificaron como parte del inicio del poema de Gilgamesh fueron dos visitantes del Museo Británico, Theodor Kwasman y Martin Buber de la Universidad de Colonia, Alemania. Expertos en la materia, pidieron visitar los acervos en que se conservan las tablillas cuneiformes. Y, entre las que cayeron en sus manos, lograron ellos leer algunos signos que les recordaron lo que, por otras tablillas ya publicadas, parecía corresponder al inicio del poema de Gilgamesh. Andrew George, catedrático de la School of Oriental and African Studies de la Universidad de Londres, especialista en la materia, por ser quien tiene a su cargo la ingente tarea de la edición crítica del poema, lo confirmó e incluso publicó la traducción de las dos primeras líneas del fragmento recién identificado.[2]

¿Por qué tradujo A.George únicamente las dos primeras líneas? Por la sencilla razón de que en las seis restantes los signos legibles confirman lo que ya era conocido por otras versiones publicadas anteriormente. Tan sólo un signo del segundo hemistiquio del primer verso, 'iš', fue una novedad. No obstante, esa pequeña sílaba puede hacer que el preámbulo del poema adquiera una nueva dimensión, un significado de más largos alcances y más profundas implicaciones. Veamos por qué y, para ello, situémoslo en su contexto.

Por las características que debe respetar un prefacio, dejaré la explicación técnica para una nota larga al fin del texto y me contentaré aquí con indicar brevemente y, valga la repetición, sin descender a tecnicismos, las razones de fondo por las que esa simple sílaba, iš, me parece importante e incluso por qué he decidido dedicarle a este pequeño detalle todo un nuevo prefacio.

Pues bien. Quien tenga la curiosidad de echar un vistazo a las traducciones del primer verso de los que han publicado la traducción del poema, verán que ese primer verso se ha traducido por 'Quien vio la totalidad' o cualquiera de sus sinónimos, 'todo, todas las cosas'.[3] A mí no me gustaba y dudé mucho en decidir si someterme respetuosamente, por argumento de autoridad, al criterio de tantos sabios que me habían precedido en la empresa de traducir Gilgamesh, pero finalmente

[2] Andrew George, *The Opening of the Epic of Gilgamesh*, p. 90.

[3] Andrew George, en el artículo arriba citado, sostuvo aún la traducción tradicional de *nagba* por 'todo'. Sin embargo, en su traducción completa del poema recientemente aparecida, finalmente tradujo "The one who saw the Deep the country's foundation" (Cfr. cita bibliografía 2/b, p. 228 del presente libro).

y desde mi primera edición decidí traducir: 'aquel que penetró en el abismo'.

No me gustaba la traducción generalmente aceptada, fundamentalmente porque sucede que el término acadio *nagbu* por el que se ha traducido 'la totalidad, todo' admite también otro significado: un 'conducto' por el que brotan las aguas dulces del fondo de la tierra y, por extensión, 'el abismo' del que proceden. Ese 'abismo', es el *Apsû*, la morada de Enki-Ea, el dios de la sabiduría.

Ahora bien, en el clímax del poema, Gilgamesh penetra en el *Apsû*, de cuyo fondo arranca la planta de la perpetua juventud, lo que ningún ser humano había intentado jamás. ¡Ésa y no otra fue la gran proeza de Gilgamesh! ¿No podría, por lo tanto, el primer verso del preámbulo del poema ser un eco, un anuncio, de ese pasaje sorprendente en el que el héroe supera a todos los demás personajes legendarios por haber "conocido, visto con sus propios ojos", la morada del dios de la sabiduría, hasta entonces nunca visitada por mortal alguno?

Expuse mis ideas al respecto en el 207 Meeting de la American Oriental Society y fueron bien acogidas, lo que me valió publicarlas en una revista británica especializada.[4]

¡El nuevo fragmento me da la razón! En él se lee claramente *isdi mati*, que significa 'fundamentos de la tierra', una aposición que conviene mejor si se refiere al *Abismo* de mi traducción que no a Gilgamesh, como habría que admitirlo si se aceptaran las versiones de los otros traductores.

En efecto, según la visión mitológica mesopotámica el cosmos era concebido como una gran esfera, totalmente rodeada de agua: el cielo, donde reinaba el dios padre Anu era una especie de bóveda que contenía las aguas superiores; la atmósfera, dominio del caudillo de los dioses, Enlil, estaba separada del *Apsû*, morada de Enki-Ea, por la tierra, una especie de gran isla cuyo soporte era el *abismo*, de tal manera que era posible afirmar que el 'abismo' constituía en verdad los 'fundamentos de la tierra'. Existen textos literarios en que se expresa claramente tal concepción, como en el antiquísimo mito sumerio *Enlil en Nippur*, en el que leemos que:

Dirigiéndose a Enki, Isimud, su paje,
De pie, frente a su morada, proclama:

---

[4] Jorge Silva, *Nagbu: Totality or Abyss in the First Verse of Gilgamesh*, Iraq 60, p. 219-221.

¡Oh palacio, construido de plata y lapislázuli,
Cuyos fundamentos están sólidamente asentados en el Apsû[5]

Esta concepción fue retomada y desarrollada en el gran poema *Enuma elish*, según el cual Babilonia había sido el lugar donde el dios demiurgo Marduk había realizado la creación del universo, de tal modo que su templo, el *Esharra*, cual un microcosmos, estuviera asentado sobre el *Apsû*, por lo que Nabucodonosor, el último gran monarca de la gran capital mesopotámica, afirmaba que los templos que él había restaurado y las murallas que él había construido tenían por fundamento el *Apsû*.

Como consecuencia de la confirmación que nos permite la traducción del nuevo fragmento descubierto en las arcas del Museo Británico, interpretado de la manera aquí expuesta, el poema adquiere nuevas y sugerentes resonancias mitológicas y los cuatro siguientes pueden ser completados en sus 'lagunas', de modo tal que refuercen la idea que se desprende de esa interpretación.

Jorge Silva Castillo
12 de abril de 1999

---

[5] *"Enki à Nippur"*, p. 143, v. 22 ss. en J. Bottéro y S.N. Kramer, *Lorsque les dieux faisaient l'homme*, Gallimard, Paris, 1989.

INTRODUCCIÓN

GILGAMESH EN LA LITERATURA Y EN LA HISTORIA

El poema de Gilgamesh en las fuentes cuneiformes[1]

Nínive, la capital del imperio asirio, y Babilonia, la prestigiosa metrópoli de la Mesopotamia central, son ciudades cuyos nombres evocan en nuestra mente la grandeza de la más antigua civilización en la historia de la humanidad. Una civilización que al momento de extinguirse, hace dos mil años, había vivido ya más de dos veces los veinte siglos de nuestra era. Y, sin embargo, sólo hace poco más de cien años que se comenzó a recuperar su historia, de la cual sólo habían subsistido referencias escasas y dispersas en algunas cuantas obras griegas y romanas y en la Biblia. La reconstrucción de esos siglos perdidos se ha logrado gracias al hallazgo y desciframiento de innumerables tablillas de barro inscritas con caracteres llamados cuneiformes por estar formados por incisiones que tienen la apariencia de cuñas o clavos. Entre las muy numerosas tablillas que nos han develado la historia y la cultura de la Mesopotamia antigua figura prominentemente el poema de Gilgamesh.

El texto más completo, aunque mutilado, del poema acadio de Gilgamesh fue encontrado en las ruinas de Nínive, entre las tablillas de una colección de obras literarias conocida como la Biblioteca de Asurbanipal de Asiria, que reinó del año 668 al 627, a.C. Alrededor de ciento cincuenta fragmentos más o menos importantes, descubiertos ahí y en otros sitios de Iraq —Uruk, Babilonia, Tell Harmal, Nimrud, Assur— hacen ver

---

[1] Para una relación detallada de los documentos cuneiformes que han transmitido la leyenda de Gilgamesh, el lector interesado puede consultar una obra imprescindible: Jeffrey H. Tigay, *The Evolution of the Gilgamesh Epic* (que abreviaré en adelante *EGE*), University of Pennsylvania Press, Philadelphia, 1982. De manera más sucinta, en inglés y en francés puede recurrir respectivamente a Stéphanie Dalley, *Myths from Mesopotamia*, Oxford University Press, 1989, p. 45-47 (que abreviaré en adelante *MM*) y a Jean Bottéro, *L'Épopée de Gilgamesh*, Gallimard, Paris, 1992, p. 37-51 (que abreviaré *EG*).

que existía una versión que se copiaba fielmente, sin modificaciones mayores, aunque con variantes de detalle, por lo que se puede llamar versión *estándar*, denominación que yo he adoptado para esta traducción,[2] basada fundamentalmente en dicha versión. Los estratos en que se han encontrado algunos de estos fragmentos, así como su análisis textual y otros criterios, hacen pensar que la versión estándar se compuso durante el último tercio del segundo milenio a.c. A partir del siglo IX, esta obra, atribuida a un sacerdote exorcista babilonio llamado Sin-leqi-unninni,[3] se reprodujo con un alto grado de fidelidad hasta los albores de nuestra era, difusión tanto más sorprendente cuanto que tenemos testimonios de que sobrepasó las fronteras de la Mesopotamia: se han encontrado fragmentos en lugares tan apartados como Meggido en Palestina, Sultán Tepe y Emmar, en el este y en el norte de Siria, respectivamente, así como en Boghaz-Köi, capital del imperio hitita en Anatolia central, donde, además, se elaboró una versión de toda la leyenda en forma abreviada en la lengua de ese pueblo.

La composición de Sin-leqi-unninni se basa en otra versión más antigua hecha en Babilonia hacia el primer tercio del segundo milenio, por lo que se puede llamar *paleobabilónica*.[4] Se han encontrado numerosos fragmentos que apuntan a una amplia difusión del poema antiguo dentro del país, pero no es seguro que haya habido por entonces un texto fijo, comparable al de la versión estándar, por lo que se supone que puede haber habido no sólo varias ediciones con variantes menores, sino incluso otra u otras versiones. El estado precario de los fragmentos no permite emitir un juicio definitivo al respecto.[5]

Gilgamesh, personaje histórico

Antes de ser raptado por la imaginación popular y transformado en un personaje legendario, Gilgamesh[6] fue un personaje histórico de carne y

---

[2] Frecuentemente se la llama *Versión ninivita* o *Versión tardía* (*Late Version*). Me parece que la primera de estas dos denominaciones puede hacer olvidar que, aunque el texto de la Biblioteca de Asurbanipal es ciertamente el más completo, no es el único. La segunda (*Late Version*) se presta a confusión porque la *Versión estándar* data muy probablemente del segundo tercio del segundo milenio y es, por lo tanto, muchos siglos anterior a otros fragmentos que datan de mil años después.

[3] Cf. *EGE*, p. 12.

[4] Se le conoce también como *Versión antigua* o *Versión babilónica*; esta última denominación por contraposición a *ninivita*.

[5] Para una amplia discusión del problema, cf. *EGE*, p. 43-47.

[6] No he querido cambiar la ortografía del nombre de nuestro héroe por aparecer ya en numerosas obras en español bajo la forma de *Gilgamesh* que, en realidad, se debe pro-

hueso. Si bien los azares de los hallazgos arqueológicos no han permitido rescatar ninguna inscripción suya, sí se han encontrado inscripciones de personajes que indirectamente tienen relación con los acontecimientos que se narran en alguna de las leyendas a que dio origen su renombre[7] y, en un caso, se tiene copia de una inscripción en que tanto esos personajes como él mismo son mencionados en una relación de quienes construyeron o reconstruyeron un templo.[8] Pruebas ciertamente tenues de la existencia real de un héroe legendario. Y, no obstante, lo que nos ha llegado acerca de él por algunas de las narraciones contenidas en sus leyendas encaja tan bien dentro de los marcos de la historia de aquellos tiempos remotos que no es pensable que no contengan un fondo de verdad. En las brumas de la protohistoria, mitos y leyendas recogían la memoria de hechos reales y de situaciones sociales que se interpretaban como signo y reflejo de acontecimientos del mundo sobrenatural, íntimamente mezclado con el humano en los tiempos primordiales. Por eso no se pueden tomar las leyendas como fruto de ficción pura. Y por eso también, tras un prudente esfuerzo por decantar el sustrato histórico del pensamiento mítico, mitos y leyendas pueden iluminar y dar profundidad a las escuetas y magras informaciones que nos ofrecen la arqueología y la paleografía. Para los propósitos de esta introducción, he creído conveniente comenzar por exponer muy brevemente el marco histórico de la época en que vivió nuestro héroe, mencionando, de paso, algunos elementos —nombres geográficos, divinidades, y otros más— que aparecerán en el poema de Gilgamesh y que, a modo de referencias, podrán ir familiarizando al lector con el marco dentro del cual se desarrolla el poema.

---

nunciar Guilgamesh. El significado de este nombre sumerio ha sido objeto de diversas proposiciones, todas ellas discutibles. La de "El Viejo es (aún) un joven" parece, si no filológicamente segura, sí más acorde con la personalidad del héroe y con su búsqueda insaciable de la vida.

[7] De Mebaragessi se conservan dos inscripciones, una de las cuales le da el título de rey de Kish. Este personaje fue el padre de Agga, quien puso sitio a la ciudad de Uruk pero fue derrotado por Gilgamesh. Un comentario sobre estos acontecimientos se puede leer bajo el subtítulo "El ciclo de leyendas sumerias en torno a Gilgamesh", en esta introducción.

[8] La copia de la inscripción en que aparece Gilgamesh como uno de los reconstructores del santuario de Ninlil es conocida como *The Tummal Inscription* (E. Sollberger y J.R. Kupper (eds.), *Inscriptions Royales Sumeriennes et Akkadiennes*, Éditions du Cerf, Paris, 1971, p. 39). En ella se atribuye la construcción del santuario a Mebaragessi y su reconstrucción, antes de Gilgamesh, a Mesannepada y Meskiagnuna, de quienes se tienen varias inscripciones (Sollberger y Kupper, *ibid.*, p. 41-43).

El trasfondo histórico de la leyenda de Gilgamesh

El país que los griegos llamaron Mesopotamia, 'entre ríos', por ser las cuencas del Éufrates y del Tigris su rasgo geográfico predominante, es la región que vio surgir la más antigua civilización de la historia humana. Seis mil años antes de nuestra era aparece ya en el extremo sureste de las planicies comprendidas entre los dos grandes ríos una serie de poblaciones que se habrían de transformar en las ciudades más antiguas del mundo; entre ellas están Shurupak, escenario, según la tradición local, del drama del diluvio universal, y Uruk, la patria de nuestro héroe, Gilgamesh.

Todo hace pensar que hasta finales del cuarto milenio,[9] las varias poblaciones construidas en torno de antiguos y prestigiosos templos constituían ciudades-estado, independientes unas de otras. La próspera economía de la región, cuyos excedentes agrícolas permitían mantener una extensa red de intercambios comerciales, dinamizaban el desarrollo de una refinada sociedad urbana.

Hacia esa época, en los albores de la protohistoria, el pueblo predominante en la región era el de los sumerios,[10] que convivía con pueblos de diversos orígenes étnicos, entre ellos, muy especialmente, los de lengua semítica[11] que se conocerían posteriormente como acadios[12] y a quienes tanto los asirios como los babilonios habrían de reconocer como ancestros culturales.

La civilización de la Mesopotamia, en efecto, se debe calificar de sumeria en esas épocas remotas. A ese pueblo genial se atribuye la invención del más antiguo sistema de escritura, que con el correr de los siglos habría de transformarse en lo que nosotros denominamos escritura cuneiforme. La religión que se desarrolló a lo largo de los tres mil años de

---

[9] Todas las fechas, se entiende, son anteriores a nuestra era.

[10] Los sumerios, que se llamaban a sí mismos "cabezas negras", hablaban una lengua que no tiene relación con ninguna otra conocida, tema éste de debates interminables. Se puede afirmar que estuvieron presentes en la Mesopotamia desde mediados del cuarto milenio, pero no se sabe con certeza si ya habitaban la región antes de esa época o si emigraron a ella por entonces.

[11] Tanto los elementos de origen semítico que comprende el léxico sumerio como la onomástica, e incluso la tradición que atribuye nombres semíticos a ciertos monarcas legendarios, apuntan a la presencia de pueblos de origen semítico desde tiempos inmemoriales. Un punto sobre el que concuerdan los historiadores es que de la ciudad de Kish hacia el norte predominaban los pueblos de lengua semítica, aunque la impronta cultural sumeria, por lo menos hasta mediados del tercer milenio, es indiscutible (cf. *Cambridge Ancient History*, vol. I, cap. IV/iv, p. 145 *ss.*).

[12] Por el nombre de la capital del imperio de Sargón, la ciudad de Akkad (segundo cuarto del tercer milenio).

historia de la Mesopotamia preclásica tuvo en su base un definido carácter sumerio que dejó honda huella en la expresión religiosa de los muchos pueblos que convergieron en esa región pluricultural. Muchos de los dioses mesopotámicos —cuyos atributos esenciales, si no siempre los nombres, habrían de perdurar hasta la desaparición de la cultura mesopotámica a fines del primer milenio— son deidades sumerias. El nombre de Anu, padre de los dioses, patrón de Uruk, significa 'cielo' en sumerio y su templo, Eanna, 'casa del cielo'; el de Enlil, caudillo de los dioses, venerado en el E-KUR, 'templo de la montaña', de la prestigiosa ciudad de Nippur, significa 'señor del aire'; el de Ea, dios civilizador, sabio, bondadoso, morador del Apsu, abismo de las aguas dulces subterráneas, puede ser un nombre semítico, pero sus atributos no son sino los del sumerio Enki, 'señor de la tierra', e Ishtar, la Venus mesopotámica, no es otra sino la voluptuosa y conflictiva Inanna, diosa sumeria del amor.

¡Una verdadera teocracia, la del Sumer protohistórico! En la base de la pirámide social, el pueblo produce —¡para ello había sido creada la humanidad!, según una tradición que ha llegado hasta nosotros en un mito conocido con el nombre de *Atrábasis*—;[13] en la cúspide, la casta sacerdotal organiza el trabajo y distribuye su producto: ofrendas para los patronos divinos, raciones para los hombres, sus servidores. Los únicos edificios monumentales característicos de las ciudades mesopotámicas habían sido hasta entonces los templos, el espacio sagrado, morada de los dioses... pero también centro vital de la economía estatal, almacén de excedentes agrícolas, punto del que partían las caravanas de emisarios comerciales y a donde llegaban los productos inexistentes en aquellas planicies de aluvión y que se obtenían por intercambio: maderas, piedras preciosas y minerales. Y el ENSI, jefe religioso y político a la vez, gobernaba la ciudad y presidía un Consejo de Ancianos en nombre de los dioses patronos tutelares de cada ciudad.

Todo esto, hasta fines del cuarto milenio... Por entonces acaece un fenómeno político de enormes consecuencias: se inicia una época *heroica*. ¡Heroica y conflictiva! Las ciudades han crecido y su expansión trae consigo, como consecuencia lógica, el choque de unas con otras. Los choques, a su vez, dan oportunidad a los más audaces de hacerse del poder, primero temporalmente, mientras dura la crisis, después permanentemente, cuando la crisis deja de ser un accidente y se vuelve el modo *normal* de las relaciones interestatales. Y el caudillo, que se ha hecho vi-

---

[13] *Atrábasis* significa 'el más sabio' y se aplica a Utanapíshtim, el héroe del diluvio según la tradición babilonia (cf. W. G. Lambert y A. R. Millard, *Atrahasis. The Babylonian Story of the Flood*, Oxford, 1969).

talicio, tiende a transmitir su poder a un miembro de su familia: surgen así las dinastías, la de Kish y la de Uruk entre ellas, que pugnan entre sí por el predominio.

La arqueología ilustra elocuentemente, con su propio lenguaje, ese fenómeno histórico. En los estratos que corresponden a esa época, las viejas ciudades se rodean de murallas. ¡Signo de tiempos ásperos! Aparecen, además, edificios importantes cuyo núcleo no es ya un santuario. En cambio, las habitaciones son numerosas y algunas tienen proporciones netamente mayores. El todo forma un conjunto compacto. Es el É-GAL, la 'gran-casa', el palacio donde habita y se hace fuerte con sus guardias el LÚ-GAL, literalmente, 'el hombre grande', es decir, el hombre fuerte del régimen, el caudillo... ¡El rey!

El ciclo de leyendas sumerias en torno a Gilgamesh

Los cantos sumerios compuestos en torno a la figura de Gilgamesh,[14] en su estrato más profundo —la literatura, como la arqueología, también tiene su estratigrafía—, ilustran asimismo el fenómeno del surgimiento, los anhelos, las ambiciones de un monarca típico de la edad heroica de Sumer.

Gilgamesh es un caudillo de Uruk, belicoso y audaz. Así lo pinta una leyenda[15] en la que él hace frente a Agga, rey de Kish, la primera ciudad que, se supone, ejerció la hegemonía sobre el resto de las ciudades-estado sumerias. ¡Ciudad prestigiosa, Kish! Tanto así que durante varios siglos los monarcas que pretendían la preeminencia política se habrían de dar el título de *rey de Kish*. Agga, viendo quizás en la construcción de las murallas de Uruk una amenaza para su supremacía, exige su sumisión. El Consejo de Ancianos de la ciudad sitiada se inclina por la rendición. No así el sacerdote de Kullab, un barrio de Uruk, ¡Gilgamesh! Él arrastra a los jóvenes guerreros, que se hacen fuertes tras las sólidas murallas, recién construidas, de su ciudad. Los sitiados rompen el cerco y las huestes de Kish se dispersan. Uno de los seguidores de Gilgamesh se distingue en la acción: Enkidú. Ha surgido un caudillo que toma el poder: la tradición lo presenta como un sucesor de Lugalbanda, pero no su hijo, puesto que la Lista Real sumeria[16] dice que fue "hijo de un *lillu* (¿un *demonio*?

---

[14] Cf. S. N. Kramer, "The Epic of Gilgamesh and its Sumerian Sources", *Journal of the American Oriental Society*, 64 (1944), p. 7-23; y del mismo autor, *The Sumerians*, p. 185-205.

[15] S. N. Kramer, "Gilgamesh and Agga of Kish", *The Sumerians*, p. 186-190.

[16] Th. Jacobsen, "The Sumerian King List", *Assyriological Studies* XI, Chicago, 1939, p. 88.

Quizá más bien un *desconocido*; en todo caso no se trata de Lugalbanda, rey legítimo y protagonista de leyendas heroicas también). Si las leyendas a las que dio origen su fama tienen, como es muy posible, una base histórica, Gilgamesh fue entonces también un monarca emprendedor. Una de ellas[17] lo lleva al este de la Mesopotamia a luchar contra un monstruo terrorífico, personificación de una deidad del Elam montañoso, lo que sin duda encierra, a manera de parábola, la narración de una empresa que tenía por objeto traer la madera necesaria para las construcciones monumentales que emprendían los monarcas ávidos de afirmar su prestigio.

Según la misma leyenda, la motivación de la expedición era más elevada: la de "poner en alto su nombre"... La vista de unos cadáveres que flotaban en las aguas del Éufrates había llevado a Gilgamesh a tomar conciencia de lo efímero de la vida humana, lo que lo decidió a buscar la trascendencia por la fama: hacer de su nombre un nombre eterno. Los reyes de esa época se hacían enterrar con su séquito: de ello dan testimonio las célebres tumbas reales de Ur, pues el monarca requería los servicios de su corte en el inframundo después de su muerte. Pero esta odiosa costumbre también nos habla muy claro de las preocupaciones de aquellos monarcas por la muerte.

Y Gilgamesh sufrió una verdadera obsesión por la muerte. Dos poemas abordan ese tema directamente. Uno de ellos[18] versa sobre las circunstancias que parecen haber rodeado la muerte de Enkidú. El contexto es enteramente mitológico. Gilgamesh accede a una súplica de la diosa Inanna, quien le pide desalojar a tres monstruos —Imdugud, Lilith, y una serpiente— que han anidado en un árbol de cuya madera la diosa quería hacer un trono. Gilgamesh desaloja a los intrusos y derriba el árbol, en recompensa de lo cual Inanna le hace don de un misterioso *pukku* fabricado con la raíz del árbol y un *mekku*, hecho con sus ramas (¿tambor y baqueta o aro y vara, instrumentos de juego o bien insignias de su poder real?), de los que Gilgamesh se habría de servir para tiranizar a los jóvenes de la ciudad. ¿De qué manera? Es un enigma. El hecho es que la queja de éstos provoca que *pukku* y *mekku* caigan al infierno. Enkidú, que intenta rescatarlos, queda atrapado por el Infierno al infringir las reglas estrictas que regían el mundo de los muertos. Gilgamesh obtiene la posibilidad de encontrarse con su amigo, quien le revela las condiciones de la vida en el más allá.[19]

[17] "Gilgamesh and the Land of the Living", en Kramer, *The Sumerians*, p. 191-197.
[18] Kramer, *ibid.*, p. 197-205.
[19] El encuentro de Enkidú con Gilgamesh está narrado en la última tablilla del poema acadio.

La otra leyenda cuyo tema gira en torno de la muerte[20] parece referirse —el texto encontrado está muy mutilado— a la muerte del propio Gilgamesh, a quien Enlil revela que su destino es morir. El texto se interrumpe, pero al final del poema Gilgamesh y su familia presentan ofrendas funerarias a los dioses del infierno. No sabemos si la muerte de Enkidú o la de Gilgamesh ocurren como un castigo por haber dado muerte al Toro del Cielo,[21] tema de una quinta leyenda del ciclo sumerio, según la cual el monstruo fue enviado por Anu para destruir Uruk en venganza por la ofensa que Gilgamesh le había hecho al despreciar los avances amorosos de Inanna, la diosa del amor.

Ahora bien, cuando no sólo leemos en el poema acadio que Gilgamesh era dos tercios divino sino que sabemos que fue venerado por los mesopotamios como un dios, puede venir a nuestra mente la pregunta: ¿Cómo podía temer la muerte un ser semidivino?... ¿No es acaso la inmortalidad una característica esencial de la divinidad? ¿Cómo podían los mesopotamios pensar que había temido y sufrido la muerte un personaje a quien ellos consideraban como un dios?... ¡Su nombre aparece escrito con el determinativo que precede a los nombres divinos y, más aún, Gilgamesh era objeto de culto! La respuesta es que el concepto que los mesopotamios se hacían de la muerte no coincide con el nuestro. Para los hombres y las mujeres de la Mesopotamia había algo más terrible que la experiencia de la muerte biológica y era aquello que les esperaba en el más allá, en la *vida* —si cabe llamarla así— precaria y triste del mundo subterráneo, morada de los muertos, reino tenebroso de la diosa Eresh-ki-gal, quien inspiraba terror a los dioses tanto como a los hombres. La muerte era caer en ese inframundo. Había deidades celestiales y deidades infernales. Las deidades celestiales podían caer en el infierno... ¡Podían morir! En él cayó Nergal, el esposo de Eresh-ki-gal, que había sido un dios celestial. En él cayó Dumuzi, el primer amante de Inanna-Ishtar, y el recuento de su muerte provocaba año con año los lamentos rituales de las plañideras. La historia del descenso a los infiernos de Nergal y de Dumuzi nos hace ver que los dioses experimentaban terror ante la idea de quedar prisioneros de la Tierra sin Retorno. Los dioses que moraban o habían caído en los infiernos eran dioses muertos. Gilgamesh, en la leyenda, experimenta el temor sobrecogedor que sufre todo ser humano —¡o divino, poco importa!— ante el pensamiento de la muerte. La divinización de

---

[20] "The Death of Gilgamesh", en J. B. Pritchard, *Ancient Near Eastern Texts Relating to the Old Testament*, Princeton University Press, 1955, p. 50-52.
[21] El argumento está descrito por Kramer, en *The Sumerians*, p. 15.

Gilgamesh, un dios muerto, no impedía pensar que él, como todos los hombres, o como los dioses mismos, hubiera temido la muerte.[22]

El poema acadio

Las diversas tradiciones sumerias fueron recogidas en un solo poema épico acadio,[23] cuya primera versión data de una época particularmente rica en la producción literaria mesopotámica, la época paleobabilónica (*ca.* primer tercio del segundo milenio a.C.). Se trata del momento en que, habiendo desaparecido el Estado sumerio sumergido por las etnias de lengua semítica cada vez más numerosas, estas últimas parecen tomar conciencia del riesgo de perder la riqueza del legado sumerio y se dan a la tarea de poner por escrito las tradiciones orales sumerias o de copiar y traducir las obras sumerias que ya existían en forma escrita.

Las tradiciones sobre Gilgamesh se conservan; los cantos del ciclo sumerio se copian. Pero la creatividad de los literatos babilonios no se detiene ahí. Se elabora un poema épico que no es únicamente una simple recopilación, traducción, ordenamiento lógico de los diversos elementos sumerios. Se toman, sí, ideas fundamentales; se recogen incluso algunos de los poemas sumerios apenas modificados. Pero se dejan de lado otros que no corresponden a la imagen del héroe que conviene al nuevo poema. Se introducen, sobre todo, elementos que afectan el fondo y la forma de la leyenda. El poema acadio es una obra nueva, una creación

[22] La muerte de los dioses descrita como un descenso a los Infiernos es el tema de varios mitos en que se ve que también para ellos la muerte era temible. Nergal se resiste a quedarse en el Infierno, según un mito en que se transforma en el esposo de Eresh-ki-gal (E. A. Speiser, "Nergal and Ereshkigal", en J. B. Pritchard, *Ancient Near Eastern Texts Relating to the Old Testament* —abreviado *ANET*), Princeton University Press, 1950, p. 103-104 y O. R. Gurney, "The Myth of Nergal and Ereshkigal", en *Anatolian Studies*, X, 1960, p. 105-131). En francés se puede consultar R. Labat, *Les Religions du Proche Orient*, Fayard-Denoël, 1970, p. 98-113. La traducción más reciente es la de J. Bottéro y S. N. Kramer, *Lorsque les Dieux Faisaient l'Homme* (citada en adelante *LDFH*), Gallimard, 1989, p. 437-464. De una manera más dramática, Dumuzi, dios de la vegetación, reemplaza a Ishtar en los Infiernos, donde la diosa había descendido imprudentemente (*ANET*, p. 106-108). También se pueden leer éste y otros mitos referidos al mismo tema en *LDFH*, p. 275-337. Esta obra es fundamental para quien quiera conocer y profundizar en la mitología mesopotámica. Los dos autores son eminencias de la asiriología y sumerología, respectivamente, y además los mejores y más exitosos divulgadores de los textos cuneiformes originales en inglés y francés.

[23] Convencionalmente se atribuye el nombre genérico de *acadio* a las lenguas pertenecientes a la rama oriental del tronco semítico, entre ellas muy especialmente a las de los asirios y los babilonios.

literaria: obra perfectamente estructurada en once tablillas, con una idea central de una dimensión e importancia tales que se equilibra sabiamente dentro del marco de una introducción en que los personajes son presentados detalladamente, y un amplio desenlace al que hace alusión la parte introductoria.

Al poeta semítico no le pareció pertinente echar mano de la imagen del héroe histórico, puramente humano, ni del modo como éste tuvo acceso al poder. En su concepción de la historia, el episodio del desafío a Kish carecía de la importancia que reviste para nosotros como testimonio de una época histórica. En cambio conserva, amplifica y reinterpreta las dos grandes aventuras de Gilgamesh, la *Expedición al Bosque de los Cedros* y *El combate contra el Toro del Cielo*, de las que el poeta redactor toma pie, por decirlo así, para explayarse en el tema de la intrascendencia humana y transformarlo en un drama existencial. Para ello, presenta a Gilgamesh como un tirano que hace insoportable la vida de sus súbditos, tema apenas evocado en el ciclo sumerio. Enkidú, creado expresamente por la diosa madre para domeñar al tirano, es un ser salvaje que vive entre las fieras hasta que, humanizado por las artes del amor de una prostituta sagrada (Tablilla I), se enfrenta a Gilgamesh, lucha de la que nace una amistad que lo transforma no ya en su servidor, como aparecía en la leyenda sumeria, sino en su "igual", su otro yo. Esta amistad, a su vez, humaniza a Gilgamesh (Tablilla II), tema éste totalmente inexistente en el ciclo sumerio. Gilgamesh encauza entonces su fuerza incontenible a trascender por la fama y emprende con su amigo una proeza sobrehumana: la expedición al Bosque de los Cedros, custodiado por un terrorífico monstruo, Humbaba (Tablilla III). Es la gran aventura de los dos héroes, y la que más impresionó a los mesopotamios, a juzgar por su representación glíptica: si no tuviéramos sino los sellos cilíndricos como fuentes para reconstruir la leyenda, Gilgamesh y Enkidú no serían sino los héroes que dieron muerte a Humbaba (Tablillas IV y V).[24] Gilgamesh regresa a Uruk engrandecido. . . ¡Y ensoberbecido! A tal grado que desprecia los avances amorosos de la misma diosa del amor, Ishtar, quien, despechada por tamaño desaire, obtiene de Anu, el padre de los dioses, la creación de un Toro del Cielo que habría de castigar al insolente Gilgamesh. Pero éste, con ayuda de Enkidú, lo derrota y le da muerte (Tablilla VI). La afrenta constituye un verdadero desafío al poder divino, por lo cual,

---

[24] Prácticamente la única representación segura de Gilgamesh y Enkidú en el arte es la de la escena en que matan a Humbaba. Cf. W. G. Lambert, "Gilgamesh in Literature and Art", en A. E. Farkas *et al.* (eds.), *Monsters and Demons in Medieval World*, Verlag Phillip von Zabern, Mainz on Rhine, 1987, p. 37-52.

Enlil, caudillo'de los dioses, decreta la muerte de Enkidú (Tablilla VII).[25] Gilgamesh sufre, como en carne propia, la enfermedad y la muerte de su amigo (Tablilla VIII) y, presa de una verdadera angustia existencial, toma conciencia de que él mismo habrá de morir, como todo ser humano. Desesperado, se rebela ante su destino y se lanza a un viaje que lo lleva hasta el mismo fin del mundo, donde habita Utanapíshtim, el héroe del diluvio y único hombre que ha alcanzado el don de la vida sin fin, para arrancarle el secreto de la inmortalidad (Tablilla IX). Traspasadas las montañas que sostienen la bóveda celeste, cruza el océano cósmico y, habiendo llegado a la isla donde habita Utanapíshtim, se entrevista con él. Éste le explica que el hombre por naturaleza es limitado, mortal, intrascendente (Tablilla X). Como demostración de ello, después de narrarle la historia del diluvio (una interpolación tardía: primera parte de la Tablilla XI), lo somete a la prueba de resistir sin dormir seis días y siete noches. ¡Gilgamesh sucumbe al sueño, imagen y anticipo de la muerte!... Como premio de consuelo, Utanapíshtim revela a Gilgamesh el secreto de la eterna juventud: una planta que éste arranca del fondo del abismo de las aguas subterráneas. Pero Gilgamesh pierde la preciosa planta, que le roba la Serpiente Primordial, mientras él, en su camino de regreso a Uruk, se baña en una poza de aguas frescas. Fracasado, vuelve a su ciudad, cuyas murallas perpetúan su nombre (segunda parte de la Tablilla XI). El desenlace es inusitado para un poema épico: no regresa a Uruk un héroe victorioso, ni termina Gilgamesh como un héroe trágico, engrandecido por una muerte dramática. Vuelve a su obra humana: sus murallas. El héroe se desvanece. No queda sino el hombre. ¡Parábola dramática de la concepción pesimista que tenía de la vida el mesopotamio!

La Tablilla XII es la traducción casi literal de la parte del poema sumerio llamado *Gilgamesh y el Árbol Huluppu*, en el que se recoge otra versión completamente distinta sobre la muerte de Enkidú y el encuentro de su espectro con Gilgamesh, a quien describe las condiciones de la morada de los muertos. Este apéndice, añadido de una manera artificial, contradice el argumento del poema acadio y se traduce aquí sencillamente para dar cuenta de la manera como ha sido encontrada su versión reciente.

---

[25] En el poema sumerio correspondiente, la muerte de Enkidú se atribuía a que había descendido al infierno para rescatar el *pukku* y el *mekku* de Gilgamesh y había quedado atrapado en ese mundo subterráneo, morada de los muertos. Dicho episodio, que se añadió tardíamente al poema acadio en una duodécima tablilla, encaja mal con el argumento de las once tablillas precedentes.

Sin contar el apéndice, se distinguen cuatro grandes temas que dan coherencia al argumento general del poema:

1) Preámbulo, presentación y encuentro de los héroes (Tablillas I y II)
2) Las proezas: la expedición al Bosque de los Cedros (Tablillas III, IV y V) y el combate contra el Toro del Cielo (Tablilla VI)
3) El castigo divino (Tablillas VII y VIII)
4) El viaje en pos de la inmortalidad y el fracaso (Tablillas IX, X y XI)
(Apéndice: Una visión del mundo de los muertos [Tablilla XII])

EL ALCANCE UNIVERSAL DEL POEMA DE GILGAMESH

El poema acadio de Gilgamesh gozó de una gran aceptación durante la antigüedad preclásica y, de las obras literarias producidas en la Mesopotamia, fue la que logró la mayor difusión, lo que se debió sin duda a su calidad estética, pero también al hecho de que refleja, de una manera sumamente viva, la autopercepción de la sociedad del Oriente Medio antiguo: Gilgamesh es la encarnación de un prototipo social; no representa la experiencia de un individuo sino la proyección de la imagen que se hace de sí misma la sociedad de la Mesopotamia.

El pensamiento mesopotámico, que se caracterizó por un profundo pesimismo ante la vida y ante la muerte, se deriva de su concepción del hombre, ser totalmente intrascendente frente a un mundo divino absolutamente trascendente: "¿Quién puede alcanzar el cielo, amigo mío? Sólo los dioses moran con Shamash en el cielo, eternamente" (Tablilla III, col. iv, versos 140-141),[26] dice Gilgamesh a Enkidú cuando éste, cansado de la inactividad de la vida urbana, cae en la depresión. Gilgamesh entonces le propone lanzarse a la gran aventura de la expedición al Bosque de los Cedros y, ante las objeciones de su amigo, que trata de disuadirlo, fundamenta su decisión en trascender por la fama de sus proezas. Trascender de la única manera posible para un mortal, puesto que sólo los dioses po-

---

[26] Algunos mitos hablan ciertamente de deidades que morían al descender al Infierno, el mundo de los muertos, pero éstos no son sino vestigios de las religiones primitivas, que divinizaban a las fuerzas de la naturaleza y personificaban de esa manera a las hipóstasis de la vegetación que muere y resucita. En estos casos la muerte de dioses inmortales se explicaba como resultado de un decreto particular del consejo de los dioses supremos. El hombre, en cambio, desde los orígenes mismos de su creación, había sido destinado a morir, a descender al Infierno, mundo tenebroso y triste, de polvo y de llanto.

seen la vida... los hombres están destinados a la muerte: "La humanidad tiene sus días contados... todo cuanto hace es viento" (Tablilla III, col. iv, versos 142-143). Enkidú, creatura salvaje, semihombre, semianimal, se había humanizado por los ritos del amor de una hieródula. Gilgamesh, rey tiránico y en ese sentido deshumanizado, inicia un proceso de humanización por la amistad de Enkidú, pero deberá sufrir la muerte de su amigo para tomar conciencia de su intrascendencia humana, y sufrir el fracaso de su intento por lograr la inmortalidad para llegar al fin de ese proceso: sólo cuando vuelve a Uruk resignado y asume su condición humana alcanza Gilgamesh una humanización completa y, de ese modo, se convierte en el antihéroe, prototipo del hombre-mujer mesopotámico.

La ideología que sirve de trasfondo al poema acadio se enmarca dentro de esa línea general de pensamiento. Sin embargo, es interesante observar que sus distintas versiones parecen transmitir mensajes con matices diversos, cuya consideración nos puede ayudar a calar más hondo en las sutilezas del pensamiento que transmiten.

La versión paleobabilónica, a juzgar por un pasaje que no recogieron las versiones posteriores, ofrecía una suerte de escape al fatalismo pesimista de la intrascendencia; Siduri, una tabernera que a la orilla del océano cósmico trata de disuadir a Gilgamesh de emprender la travesía de ese mar de aguas mortales, da al héroe consejos que no nos sorprenderían en boca de un filósofo romano que viviera según las normas del *carpe diem*:

> Gilgamesh, ¿hacia dónde corres?
> La vida que persigues, no la encontrarás.
> Cuando los dioses crearon a la humanidad,
> le impusieron la muerte;
> la vida, la retuvieron en sus manos.
> ¡Tú, Gilgamesh, llena tu vientre;
> día y noche vive alegre;
> haz de cada día un día de fiesta;
> diviértete y baila noche y día!
> Que tus vestidos estén inmaculados,
> lavada tu cabeza, tú mismo estés siempre bañado.
> Mira al niño que te tiene de la mano.
> Que tu esposa goce siempre en tu seno.
> ¡Tal es el destino de la humanidad!

*(Fragmento Meissner
MVAG 7/1 : VAT 4105, col. iii, 1'-14')*

29

Esta actitud de resignación relativamente optimista se desvanece en épocas posteriores, como consecuencia de una quiebra del sistema mesopotámico de valores tradicional, a raíz de las incertidumbres provocadas por la experiencia de una sucesión de calamidades que siguieron a la caída del primer imperio babilónico y de la mediocridad cultural y política del periodo casita (segundo tercio del segundo milenio a.C.).[27] Los poemas sapienciales que se elaboran por entonces (último tercio del segundo milenio) y que habían de encontrar eco en el Job y en el Qohelet bíblicos,[28] son su expresión literaria. La versión estándar atribuida a Sinleqi-unninni se remonta a ese periodo; y a esa posición frente a la vida y a la muerte corresponde el discurso de Utanapíshtim que cierra, en nuestra versión, la Tablilla X (col. v, versos 36-47, y toda la col. vi):

> "¿Por qué, Gilgamesh,
>   te has dejado invadir por la ansiedad. . .?
> Has perdido el sueño,
>   ¿qué has sacado?
> En tus insomnios
>   te has agotado.
> Tus carnes están
>   llenas de ansiedad.
> Haces que tus días
>   se acerquen a su fin.
> La humanidad lleva por nombre
>   Como caña de cañaveral se quiebra.
> Se quiebra aun el joven lleno de salud,
>   aun la joven llena de salud.
> No hay quien haya
>   visto a la muerte.
> A la muerte nadie
>   le ha visto la cara.
> A la muerte nadie
>   le ha oído la voz.
> Pero, cruel, quiebra

---

[27] Sobre este tema, cf. Jorge Silva Castillo, "Un estado de anomia en Babilonia", *Estudios Orientales*, IV/3 (1969), p. 280-307.

[28] El autor de este libro publicó en español la traducción directa de dos poemas sapienciales, "Diálogo sobre la Justicia Divina", *Estudios Orientales*, VII/2 (1972), p. 211-225 y "Diálogo del Pesimismo", *Estudios Orientales*, VI/1 (1971), p. 82-92. Sobre la literatura sapiencial, cf. W.G. Lambert, *Babylonian Wisdom Literature*, The Clarendon Press, Oxford, 1960.

la muerte a los hombres.
¿Por cuánto tiempo
construimos una casa?
¿Por cuánto tiempo
sellamos los contratos?
¿Por cuánto tiempo
los hermanos comparten lo heredado?
¿Por cuánto tiempo
perdura el odio en la tierra?
¿Por cuánto tiempo
sube el río y corre su crecida?
Las efímeras que van
a la deriva sobre el río,
apenas sus caras ven
la cara del sol,
cuando, pronto,
no queda ya ninguna.
¿No son acaso semejantes
el que duerme y el muerto?
¿No dibujan acaso
la imagen de la muerte?
En verdad, el primer hombre
era ya su prisionero...
Los Annunaki, los grandes dioses,
reunidos en consejo...
determinaron la muerte y la vida.
Pero de la muerte
no se ha de conocer el día."

El destino general de los hombres, según esta exposición de la doctrina tradicional sobre la intrascendencia humana, ha sido fijado desde siempre y de una vez por todas en un tiempo primordial: la mortalidad es la condición del hombre. En el lenguaje figurado propio del mito, esto equivale a decir, según la manera de expresar racionalmente nuestra concepción sobre la condición humana, que la mortalidad del hombre se explica por su naturaleza, por su esencia propia, reflexión cuyas repercusiones rebasaron los límites de la cultura propiamente mesopotámica. La intrascendencia humana es la otra cara de la trascendencia divina, y la idea de la trascendencia divina habría de llevar del henoteísmo —la

31

veneración privilegiada de una deidad por encima y con exclusión de toda otra— al monoteísmo.[29]

La secuencia lógica del discurso sapiencial de Utanapíshtim se interrumpe con la interpolación de la historia del diluvio en la primera parte de la Tablilla XI (versos 1-196), cuya conclusión pone el acento en el decreto de los dioses, como si se tratara de un simple problema de autoridad: Utanapíshtim narra la historia del diluvio y explica que los dioses, reunidos en consejo, decretaron en su favor la inmortalidad, como premio por haber salvado a la humanidad de la destrucción total, después de lo cual concluye diciendo a Gilgamesh:

> ¿Quién reunirá a los dioses
> para que encuentres
> la vida que tú buscas?
>
> *(Tablilla XI, 197-198)*

La idea que transmite el discurso de Utanapíshtim antes de la narración de la historia del diluvio (Tablilla X, col. v, 36-47 y toda la col. vi) es una reflexión "filosófico-teológica", mientras que la que resulta de la narración del diluvio parece más bien de tipo "jurídico": el hombre es mortal por decreto divino, aunque otro decreto —que no ocurre— podría modificar su condición. Una diferencia de matiz, ¡pero fundamental![30]

Ahora bien, si es cierto que el mensaje del poema de Gilgamesh corresponde a una línea de pensamiento que no necesariamente es ya la nuestra —sea porque el cristianismo, como el islam y el judaísmo fariseo, con la promesa de una vida eterna feliz, resuelven el problema abriendo una ventana a la intrascendencia humana; o bien porque el escepticismo racionalista simplemente no se hace la pregunta; o, en fin, porque el

---

[29] La Tablilla VII del *Enuma-elish*, la gran cosmogonía babilonia, ha sido interpretada como expresión de un intento de henoteísmo: Marduk, dios titular de Babilonia, asume y resume a todos los dioses. Gilgamesh, *el mesopotamio intrascendente*, se sitúa, como tal, al inicio de ese camino. Se puede consultar esta obra en las traducciones de Speiser, en inglés (*ANET*, p. 60-72), y de Bottéro (*LDFH*, p. 602-679 y *RPO*, p. 36-73), en francés. En español han editado una traducción de este poema de la creación Luis Astey (*El Poema de la Creación / Enuma Elish*, traducción y notas de Luis Astey V., Colección de Cultura Universitaria — Serie/Poesía, UAM, México, 1989) y Federico Lara Peinado (*Poema babilonio de la Creación*, Editora Nacional, Madrid, 1981).

[30] Cabría preguntarse si el desliz del pesimismo teológico hacia una visión en que prevalece el sentimiento del peso del autoritarismo —el decreto decide el destino del hombre— no tiene relación con otra experiencia de la historia: el desarrollo del imperialismo asirio.

32

ateísmo niega a cualquier Dios como causa de la condición humana—, también es cierto que el poema acadio sigue teniendo vigencia gracias a la fuerza que se deriva a la vez de su belleza literaria y de la actualidad perenne del problema fundamental que plantea: la imposibilidad absoluta de escapar a la muerte, que hace sufrir a Gilgamesh una verdadera angustia existencial. "Tengo miedo de la muerte" (Tablilla X, col. iii, 26; v, 17). "Lo que le sucedió a mi amigo me sucederá a mí" (Tablilla X, col. ii, 8; iii, 27; v, 18), repite obsesivamente Gilgamesh, y termina con una pregunta que queda sin respuesta: "¿Qué haré, Utanapíshtim, adónde iré?... En mi mismo lecho yace la muerte y donde pongo mis pies ahí está la muerte" (Tablilla XI, 230-233).

La angustia del hombre intrascendente, que predominó en las preocupaciones del pensamiento filosófico durante la primera mitad de nuestro siglo, está pintada en el poema acadio de Gilgamesh con trazos de una verdad profundamente humana:

>   ¿Cómo podría no estar
>   lleno de angustia mi vientre?
>   ¿Cómo no habría de tener el rostro
>   como el de quien ha hecho un largo viaje,
>   maltratada la cara
>   por el frío y el calor?
>   ¿Cómo no habría de andar
>   vagando por la estepa?
>   ¡Mi amigo, mulo errante,
>   onagro del monte,
>   pantera de la estepa,
>
>   . . . .
>   llegó a su fin, destino de la humanidad!
>
>
>   Seis días y siete noches lloré por él
>   y no le di sepultura
>   hasta que de su nariz
>   cayeron los gusanos.
>   ¡Tengo miedo de la muerte y aterrado
>   vago por la estepa!
>   ¡Lo que le sucedió a mi amigo
>   me sucederá a mí!

(Tablilla X col. iii, versos 11-15, 23-27)

Muy numerosas han sido las traducciones de la leyenda de Gilgamesh, especialmente al alemán, al inglés y al francés, pero existen también en otras lenguas occidentales y no occidentales. La más reciente y la más completa de ellas se debe al gran asiriólogo francés Jean Bottéro, trabajo que tiene la particularidad de poner al alcance del lector, en una edición de difusión considerable, los más importantes fragmentos publicados hasta la fecha —incluso algunos no publicados aún en su texto acadio.[31] En inglés, la traducción de Stéphanie Dalley es bastante reciente y tiene el mérito de incluir los fragmentos de la versión paleobabilónica; la de Maureen G. Kovacs, menos reciente pero todavía asequible, es una traducción seria, limpia y elegante que, diría yo, "se deja leer".[32] Esa misma característica guarda la traducción de Réné Labat,[33] aunque por la fecha de su publicación —1970— ya está superada, pues él no dispuso de fragmentos importantes publicados recientemente.

En español conozco cuatro ediciones del poema: la de Agustí Bartra, con prólogo del gran maestro Bosch Gimpera, publicada en México; la de Hylmar Blixen, publicada en Uruguay; la de Federico Lara, en Madrid, y, últimamente, una traducción al español de la que FlorenceMalbran Lavat hizo al francés.[34] El esfuerzo y el mérito de estos autores me permitió servirme de esos textos en los cursos que impartí antes de trabajar mi propia traducción.

Ahora bien, ¿por qué intentar una traducción más al español? Una primera justificación sería la de que ninguna de estas ediciones incluye textos muy importantes publicados más recientemente. Una más, que cada autor aporta ideas nuevas que enriquecen la comprensión de la obra literaria. La tercera es que la traducción directa del acadio permite un mayor acercamiento a la idea y al tono del texto original. Yo he gozado encontrando —¡y sufrido buscando!— giros más adecuados para la ex-

---

[31] J. Bottéro, *L'Épopée de Gilgamesh*, Gallimard, Paris, 1992.

[32] Stephanie Dalley, *Myths from Mesopotamia*, Oxford University Press, Oxford-New York, 1989; Maureen G. Kovacs, *The Gilgamesh Epic*, Stanford University Press, 1989.

[33] R. Labat, "L'Épopée de Gilgamesh", en *Les Réligions du Proche-Orient Asiatique*, Fayard-Denoël, Paris, 1970.

[34] Agustí Bartra, *La Epopeya de Gilgamesh*, Escuela Nacional de Antropología e Historia, México, 1963; Hylmar Blixen, *El Cantar de Gilgamesh*, Montevideo, 1980; Federico Lara, *Poema de Gilgamesh*, Editora Nacional, Madrid, 1980. Florence Malbran-Labat (traducción al español de Nicolás Darícal), *Gilgamés, 7 Documentos en torno de la Biblia*, Verbo Divino, Estella (Navarra), 1982.

presión de algunos pasajes con contenido erótico; en algunos casos el matiz del pensamiento o del sentimiento en español se acerca más al acadio si se evade la referencia a las proposiciones de traducción que ofrecen las versiones a otras lenguas; en otros, en fin, ha gratificado mi esfuerzo el hallazgo de algún término español que corresponde mejor a la raíz del acadio... Al lector interesado en profundizar en los problemas de fondo dedico, al fin del texto, un número considerable de amplias notas en las que encontrará la explicación y justificación de muchas traducciones libres, así como comentarios sobre el pensamiento que transmite el poema: el amor, la muerte, la amistad...; o sobre la forma: recursos literarios, contrastes dramáticos por la evolución de los caracteres y de sus actitudes; juegos de palabras, las más de las veces intraducibles (el uso de un homófono tiene una intención prosódica, pero también puede indicar un sentido oculto que hay que añadir al primero e inmediato), empleo de términos con diversos matices semánticos, etc. Pero no he querido cansar al lector que se interese más o únicamente —¡y con razón!— en la emoción estética que suscita la lectura del poema. A ese lector le dedico notas más simples y más breves a pie de página, en las que encontrará inmediatamente datos sobre algún nombre propio, divino o humano, o la explicación de alguna referencia cultural que conviene tomar en cuenta y, sólo excepcionalmente, la justificación de alguna opción del traductor. Y me permito incluso sugerir al primero de ese tipo de lectores que primero lea el poema sin recurrir a las notas. La emoción estética, mezcla de los sentimientos que producen el drama de la leyenda y la belleza con que se expresa, se enjuta y se seca cuando se le pone mucha cabeza. Después de todo, qué importa si me atreví a traducir en un contexto *kuzba* por 'atractivo (sexual)' y en otro por el 'goce' que procura su posesión. ¡Lo importante es que el lector experimente la fuerza de un texto que transmite emociones intensas! Ya después se podrá volver a la lectura línea por línea para pedirle al traductor que explique por qué se decidió por una u otra traducción. Lo mismo se puede afirmar de términos, conceptos o pasajes que a la simple lectura parecen oscuros. ¿No acaso los poetas recurren a pensamientos y lenguajes crípticos? ¡Cuántas veces en nuestra propia lengua leemos poesías que no comprendemos cabalmente pero de las que gustamos emocionalmente!

Respecto del estilo literario propio del poema acadio, se ha de tener en cuenta que, como en toda obra literaria fruto de un medio cultural alejado del nuestro en el tiempo y en el espacio, su composición responde a ciertas convenciones propias del medio en que se produjo y que, como toda convención, escapa a quien no tiene acceso a esas referencias. Quizá lo más importante que hay que señalar a este propósito es que las obras literarias en aquellas épocas —y esto no es privativo de la literatura cunei-forme— no estaban destinadas primariamente a la lectura sino a la recita-ción oral, a la declamación a que daban ocasión ciertas ceremonias o fies-tas religiosas. En el caso de nuestro poema, tal ocasión pueden haberla dado las ceremonias que se celebraban en el mes de *Abu* y que incluían nueve días de competencias de lucha[35] en honor de Gilgamesh. La repe-tición de ciertos pasajes, a manera de largos estribillos que a nosotros nos pueden parecer redundantes, se explica por el efecto de fijación en la mente de los oyentes de ciertos pasajes importantes para comprender el sentido del poema o de fragmentos intensamente cargados de emoción estética... Repeticiones que, dicho sea de paso, han permitido reconsti-tuir numeroso pasajes fragmentarios.

La obra acadia es un texto literario —recurre a términos elevados— y poético —los acentos de cada verso y de cada hemistiquio tienen una intención prosódica. He hecho un esfuerzo para encontrar una expresión noble pero no altisonante en el lenguaje de mi traducción y he buscado que los versos tengan un cierto ritmo. He dividido los hemistiquios en líneas separadas, la segunda de las cuales lleva una sangría, con el objeto no sólo de reflejar la forma prosódica del poema acadio, sino también de ayudar al lector a percibir ese esfuerzo de redacción rítmica. Cuando el verso acadio es más largo, lo que sucede frecuentemente al final de cier-tos pasajes, o bien cuando el giro español exige un mayor número de pa-labras, he dividido el verso en tres líneas, lo cual no corresponde al verso acadio, pero ayuda a mantener el ritmo buscado.

Otra observación importante es la de que he querido ofrecer al lec-tor un texto "que se deje leer"; quise una lectura fluida, sin inventar lo que ese texto no da, pero completando lo que se colige razonablemente como restituible en los pasajes fragmentarios. La forma en la que los tra-ductores del texto original acadio tradicionalmente expresan gráficamen-te el esfuerzo de llenar las lagunas del texto es poner entre corchetes y paréntesis las restituciones. Esto es, cuando gracias a un texto paralelo, a una expresión idiomática conocida o al uso privilegiado de un comple-mento con cierto verbo, el traductor que restituye una palabra, línea o líneas que no aparecen en los textos acadios fragmentarios, pone esas pa-labras o líneas entre corchetes. Cuando el traductor no puede justificar con una palabra, frase u oración acadia determinada la restitución por él propuesta, pero lo hace con algún término o frase cuyo sentido es plausi-ble por el contexto, usa los paréntesis. El respeto del texto acadio hace

[35] Cf. Mark E. Cohen, *The Cultic Calendars of the Ancient Near East*, CDL Press, Bethesda, Md., p. 319.

36

que los corchetes se introduzcan incluso dentro de la palabra y la dividan, para indicar lo que se puede leer de esa palabra en el texto cuneiforme. Gracias a los recursos que permite el uso de la computadora, he tratado de obviar el inconveniente, pequeño o grande, que se tiene al leer textos entrecortados por corchetes y paréntesis destacando con *cursivas* las palabras, sílabas o letras que no se leen claramente en la tablilla pero que pueden reconstruirse, y he reducido el uso de corchetes sólo para aquellos casos en que la restitución es *ad sensum*. Por último, distingo la versión paleobabilónica de la versión estándar empleando una **fuente tipográfica** distinta de la que se ha usado en la composición del cuerpo principal del texto; las *cursivas* indican el material reconstruido, siguiendo el mismo criterio que se empleó en la versión estándar. Cuando he juzgado conveniente introducir un texto de la versión paleobabilónica que reemplaza o completa el de la versión estándar me valgo de esa misma *fuente tipográfica*.

Por otra parte —pero es cosa más importante— he preferido renunciar a la traducción de pasajes sumamente fragmentarios en que apenas se adivina una que otra palabra, sin que se pueda colegir un contexto más o menos plausible.[36] Me interesa hacer conocer el argumento de la leyenda más que el estado de un texto o versión en particular, por lo que también he optado por recurrir en dos casos a sustituir el texto básico de la versión estándar por el texto paralelo de la versión paleobabilónica —lo que hago ver según he explicado en el párrafo anterior—, aunque soy muy consciente de que se trata de versiones diferentes que corresponden a momentos culturales distintos. Lo he hecho así en el caso de las Tablillas II y III, muy fragmentarias en la versión estándar y en cambio bastante completas en la versión paleobabilónica. E.A. Speiser, que publicó la traducción mejor conocida en inglés, y Réné Labat, quien hizo otro tanto en francés, se sirvieron de ese mismo recurso para reemplazar el texto de la Tablilla II y, yendo más lejos, Maureen Kovacs, entre otros, toma pasajes de una y otra versión y los entremezcla, no sin reconocer que el procedimiento no es del todo feliz. *¡De principiis non est discutendum!* Yo justifico mi opción dado que, por lo que se conoce de las dos versiones, en esas dos tablillas en especial el paralelismo es tan importante que hace pensar que éste es uno de los casos en que el autor de la versión estándar se sirvió bastante de la versión antigua.[37] En otros casos, en que la falta nes más antiguas (Tablillas II y III) restan peso al argumento que militaría

---

[36] Los pasajes rotos quedan indicados por una línea de puntos.
[37] La comparación entre la versión estándar y la paleobabilónica (tablillas de Filadelfia y de Yale) que presenta en apéndice a su obra Jeffrey H. Tigay hace ver claramente que

de tal paralelismo no permite la misma afirmación, he preferido consignar en las notas a pie de página el texto que, sin ser paralelo, completa o enriquece el contenido del texto que aparece en el cuerpo de la traducción. El lector verá que, a pesar de que sólo disponemos de menos de la mitad de los versos del poema en su versión estándar (quedan alrededor de mil seiscientos de los tres mil que debe haber tenido el poema), el hilo de la narración se sigue con bastante fluidez. No está de más confesar que en los casos en que me he visto ante dos o más opciones de traducción justificables he optado por aquella que permite al lector una comprensión más inmediata sin tener que recurrir a las notas.

Una última observación a propósito de la numeración de los versos. Cuando el estado de los textos era sumamente fragmentario, normalmente se numeraban progresivamente los versos comenzando columna por columna —cada tablilla de la versión estándar está dividida en seis columnas—; ahora que algunas tablillas se han reconstituido en forma bastante completa, es preferible y más cómodo para el lector tener una numeración progresiva por cada tablilla. Sólo cuando ello no es posible —Tablillas IV y V— he indicado la numeración por cada columna e incluso he consignado la referencia de archivo del texto en que me baso. En todos los casos he indicado, sin embargo, dónde empieza cada columna. Por suerte, la traducción de Jean Bottéro me ha precedido y la referencia a su traducción permitirá que quien tenga alguna duda respecto de la correspondencia de algún verso en particular resuelva el problema recurriendo a esa traducción que, mientras no aparezca una edición crítica del poema, tendrá el valor de autoridad como referencia obligada.

Algo más importante que hay que añadir: he preferido hacer hincapié en la estructura temática del poema más que en su división por tablillas y columnas. Me explico: desde luego he consignado la manera como aparecen en el texto acadio las tablillas con su número, así como las columnas en que se dividen; las he puesto al margen izquierdo con caracteres cursivos y más pequeños. Los títulos que yo he atribuido a las partes del poema, según su estructura temática, tienen la finalidad de permitir al lector seguir el hilo del argumento con facilidad; he jerarquizado estos títulos en tres categorías que el lector reconocerá por la caracterización tipográfica que se hace de cada una de ellas. Reconozco que en la versión estándar del poema en cada tablilla, si no en cada columna, se adivina cierta unidad temática, pero el estado fragmentario de la misma y la necesidad de sustituir determinadas partes por narraciones tomadas de versio-

---

el paralelismo de los pasajes en cuestión es suficiente para justificar la sustitución de la primera por las segundas (*EGE*, p. 270-283).

en favor del respeto absoluto de la división del poema conforme a las tablillas y a las columnas en que ha llegado hasta nosotros en su versión más completa pero, repito, fragmentaria. Ésta es una opción del traductor que se puede discutir. En todo caso, espero que el haberla tomado facilite la comprensión de la idea rectora de la leyenda y su desarrollo lógico, características que constituyen, como he dicho ya e insisto en ello, uno de los méritos literarios de la composición del poema acadio.

He hecho un esfuerzo porque la traducción se apegue a la letra del texto original cuando ello ha sido posible y siempre que lo he considerado conveniente. Hay casos en que la traducción literal puede incluso ser más expresiva que cuando se recurre a algún circunloquio... Esto no siempre es posible: *traduttore, traditore*. ¡Es inevitable! Sin embargo, me he propuesto ofrecer al lector aquello que considero más importante en una obra literaria. He querido que esta traducción transmita la fuerza del argumento de la leyenda acadia de Gilgamesh y me he esforzado, en la medida de lo posible, en transmitir también la emoción estética que produce su belleza literaria. Creo que se traiciona menos el poema cuando se le trata con amor. Y éste es mi caso. Ojalá el lector perciba el interés de algunos pasajes que ilustran rasgos culturales, curiosidades antropológicas, indicaciones sobre las concepciones religiosas, morales... pero, sobre todo, la belleza del texto y la profundidad del pensamiento que lo impregna y lo hace vibrar, porque no está expresado por medio de raciocinios secos sino por imágenes vivas y sugestivas. Yo he gozado al hacer esta traducción; ojalá el lector goce igualmente su lectura.

Principales etapas históricas de la región siromesopotámica		Desarrollo literario	

3200 ⌐Sumer⌐

2750 Surgen las
monarquías:
luchas
interestatales

Conflicto entre
Lagash y
Umma
2500 Intentos de
hegemonía

Florecimiento
del estado de
Ebla en Siria
semítico-
occidental

Acad (primer estado semítico
centralizado) Sargón (2334-2279)
Naram-Sin (2254-2218)
2200 Irrupción de los Guti
2150 Renacimiento sumerio
III Dinastía de Ur
2000 Desaparece el estado sumerio

⌐Dinastías amorritas⌐

(Babilonia)   (Asiria)
Hammurabi   Shamshi-
(1792-1750)   Adad I
                        (1814-1782)

1600 Caída de Babilonia
1500 Época de dominio casita

⌐Siria y Asiria⌐
Imperio mitani

⌐Babilonia⌐   ⌐Asiria⌐
Nabucodo-   Tiglat-falasar I
nosor I   (1115-1077)
1100 (1124-1103)

Asurbanipal
(668-627)

612   ⌐Caída de Nínive⌐
Nuevo imperio babilonio
Nabucodonosor II (604-562)
539 Ciro el Persa ocupa Babilonia

Desarrollo literario

Primeros textos pictográficos
Tablillas arcaicas: documentos
administrativos
Desarrollo de la escritura
cuneiforme
Inscripciones votivas
Mitos y leyendas transmitidas
oralmente

Primera adaptación del sistema
de escritura cuneiforme para
expresar una lengua semítica
Abundante documentación
administrativa y jurídica
Inscripciones históricas
Textos bilingües
Inscripciones literarias
históricas
Redacción de obras literarias
sumerias
Proliferación de textos
administrativos
Primeras colecciones de leyes.
Textos religiosos (salmos,
oraciones)
Documentos historiográficos
Se desarrolla el género epistolar
(cartas a los dioses)
Abundante documentación
administrativa (oficial y
privada), jurídica y religiosa
(adivinación, profecías)
Se copian textos literarios
sumerios y se elaboran textos
originales en acadio

El acadio-cuneiforme se usa
como lengua de las relaciones
internacionales
Se desarrolla la literatura
'sapiencial'
Se reactiva la copia de textos
literarios
Se escribe la gran epopeya de la
creación (Enuma-elish) y el
poema épico del dios Erra
Se coleccionan en Asiria los
textos religiosos y literarios
sumerios y acadios
Proliferan las inscripciones
históricas de propaganda
política (crónicas)
La biblioteca de Asurbanipal en
Nínive constituye la colección
más importante de obras
literarias de la antigüedad
preclásica

Se redactan en
sumerio las
leyendas del·
ciclo sumerio

Se elaboran el
poema acadio de
Gilgamesh
y el mito de la
creación del
hombre

Se reelabora la
versión estándar
de Sin-leqe-
unnini

Versión tardía
del poema de
Gilgamesh

—Gilgamesh, rey de Uruk, personaje real

—Gilgamesh, divinizado se transforma en personaje legendario

—Gilgamesh considerado antecesor por excelencia de los monarcas sumerios
Leyendas sobre Gilgamesh transmitidas por tradición oral
(puede haber habido alguna —o algunas— escritas que no se han encontrado)

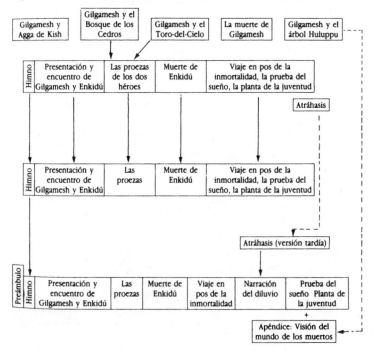

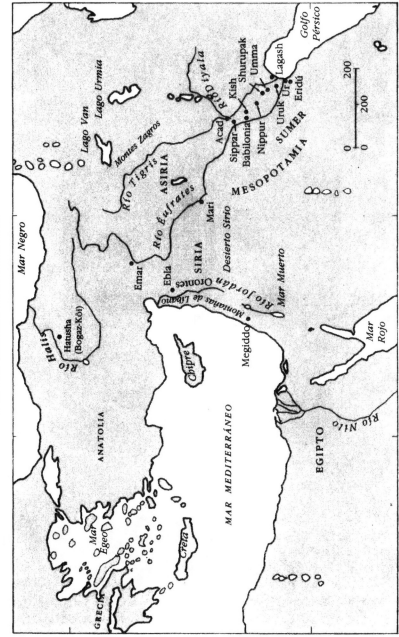

MAPA: ORIENTE MEDIO ANTIGUO

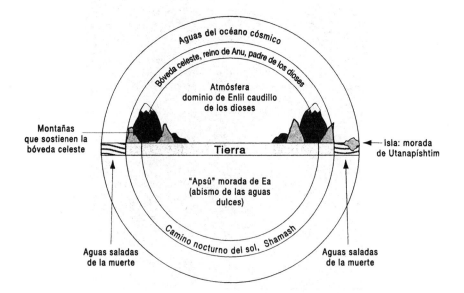

EL POEMA

Segunda tablilla de *Gilgamesh*, reverso, 4ª, 5ª y 6ª columnas, University of Pennsylvania Museum, Philadelphia.

PREÁMBULO*

**

1 Quien vio el Abismo   1

    fundamento de la tierra   2

quien conoció *los mares*   3

    fue quien todo lo supo;   4

quien, a la vez,

    *inves*tigó lo oculto:

*do*tado de sabiduría,

    comprendió todo,

5 descubrió el *mis*terio,   5

    abrió [el conducto]

        de las profundidades ignoradas   6

y trajo la historia

    de tiempos del diluvio.   7

[Tras] viaje lejano,

    volvió exhausto, resig*nado*.

[y] grabó en estela de piedra   8

    sus tribulaciones.

---

* Los asteriscos remiten a notas breves, informativas, a pie de página. A los lectores que se interesen en los problemas de fondo dedico, en cambio, notas amplias al final del texto. A ellas remiten los números colocados al margen derecho de los versos.

** Véase ilustración de la página anterior y nota 2.

       Él erigió los baluartes
              de Uruk-el-Redil,   *
10   el del Eanna,   **
       sagrario santo.
Mira sus muros. . .
       ¡Como de bronce. . .!   9
Observa sus fundamentos.
       ¡No tiene par!
Toca el umbral,
       de vieja hechura.
Acércate al Eanna,
       morada de Ishtar.   ***
15   Ningún rey en el pasado,
       ningún hombre lo igualará.
Sube y pasea
       sobre sus muros.
Mira sus cimientos.
       Considera su estructura.
¿No son acaso
       cocidos sus ladrillos?   10
¿No habrán echado sus fundamentos
       los Siete Sabios?   ****

* Un recurso de estilo en la literatura acadia es el de atribuir un determinado
epíteto a los nombres propios. La aposición *el redil*, aplicada a Uruk y usada como parte
del nombre, quizá se refiere al hecho de que la ciudad estaba cercada de fortificaciones.
   ** *Anu* era el dios patrón de Uruk, padre de los dioses y dios del cielo, por lo
que su templo tenía por nombre *Eanna*; en sumerio, 'Casa de Anu' o 'Casa del Cielo'.
   *** *Ishtar* —la Inanna sumeria—, diosa del amor y de la guerra, era considerada
como hija predilecta de Anu, por lo que la morada de Anu, el *Eanna*, templo del cielo, lo
era también de Ishtar.
   **** Según la tradición que nos llega de Berosus, sacerdote babilonio (330 d.C.),
los *Siete Sabios* —aquí llamados *muntalkî*, 'consejeros'— transmitieron a la humanidad las
artes de la civilización.

                              48

20 *Un sar mide la ciudad,*
    *un sar sus huer*tos,
            un sar *el templo de Ishtar.*
    En total...
            ¡tres sar abarca Uruk!

    Busca [ahora]
            el cofre de cobre;
    . . . . .
            tiene un cerrojo de bronce.
    Abre
            la puerta de los secretos.
25 *Saca* una tablilla
            de lapislázuli. Lee.
    Son las pruebas
            que sufrió él, Gilgamesh.

    *¡El más fa*moso de los reyes,   11
            célebre, prestigioso!
    ¡Heroico retoño de Uruk!
            Toro que embiste.
    Va al frente, el primero
            [en la batalla].
30 Para auxiliar a sus hermanos,
            vuelve atrás.
    ¡Fuerte red,
            protección para sus huestes!
    ¡Impetuosa corriente,
            derriba las murallas!

* El SAR era una medida de superficie de alrededor de 360 hectáreas.

49

¡Hijo de Lugalbanda,   * 12
   perfecto por su fuerza!
Hijo de la Excelsa Vaca,
      Ninsún-Rimat!   ** 13
35 Tal es Gilgamesh.
      Perfecto. Soberbio.

Abrió los pasos
      de la montaña,
cavó los pozos
      en sus laderas,
cruzó el océano, vastos mares,
      hasta donde sale el sol;   ***
alcanzó los confines de la tierra
      en busca de la vida.
40 Por su propio esfuerzo, llegó
      hasta Utanapíshtim, el distante.   ****
Restauró los santuarios
      arrasados por el diluvio.   14
Entre todos los pueblos
      nadie habrá
que le iguale
      en majestad;
que, como Gilgamesh, pueda decir:
      "¡Soy yo el Rey!"

* *Lugalbanda* fue hijo de Enmerkar, rey de la primera dinastía de Uruk, héroes ambos de leyendas sumerias.
** *Ninsún*, diosa poco conocida, salvo como madre de Gilgamesh. Su atributo, *Rimat*, que significa 'búfala', es parte de su nombre, lo que hace que en el primer hemistiquio se la llame "Vaca Excelsa".
*** Se refiere al océano cósmico que cruzó Gilgamesh para llegar al fin del mundo, donde habitaba el héroe del diluvio.
**** *Utanapíshtim* es el Noé babilonio.

PRESENTACIÓN Y ENCUENTRO DE LOS HÉROES

GILGAMESH, EL TIRANO

45   Desde su concepción, tuvo Gilga*mesh*
un destino preclaro.

Columna ii

Dos tercios divino,
un tercio humano.   *

*Mode*ló su cuerpo
la misma diosa Mah.   **

. . . .

52   *Por las plazas* de Uruk
se pavonea.   15

Toro salvaje, se exhibe prepotente,
altiva la ca*beza*.

¡Enhiesta el arma,
no hay quien se le oponga!

55   Con su pukku, [sin descanso,]
mantiene en pie a su tropa,   *** 16

    * El nombre de Gilgamesh, por ser hijo de Lugalbanda, semidivino, y de la diosa Ninsún, aparece precedido del signo *An*, 'cielo', que antepuesto a un nombre propio sirve como determinativo de los nombres divinos con el sentido de *dingir, dios*.
    ** *Mah* ('la Grande', en sumerio) es la diosa madre, quien interviene en la creación de la humanidad según el mito de Atráhasis.
    *** El *pukku* es un objeto misterioso del que Gilgamesh se sirve para aterrar de algu-

y aun en sus moradas, los hombres de Uruk
    viven aterrados.
"¡*No de*ja Gilgamesh
    *hi*jo a su padre.   *
Día y no*che*
    es un tirano...
¿Tal es 'el pastor'
    de Uruk-el-Re*dil?*
60 ¿Un hombre prepotente, altivo,
    arrogante...?   17
No deja Gilgamesh
    doncella *a su madre,*   ** 18
sea hija de un prócer, *o bien*
    prometida de un guerrero."

Tanto oyeron sus quejas
    . . . . .
los dioses del cielo, *que* fueron a clamar
    ante el Señor de U*ruk:*
65 "¡Pusiste tú ahí *a Gilgamesh*
    como búfalo salvaje!
¡Enhiesta el arma,
    no hay quien se le oponga!
Atenta a su llamado,
    alerta está su tropa.

---

na forma a los jóvenes reclutables. Los sumerólogos actualmente no aceptan la traducción tradicional de 'tambor', por lo que es más prudente dejarlo sin traducción.

   * Esta afirmación se refiere a que Gilgamesh se vale de su *pukku* para exigir a los jóvenes de Uruk estar siempre dispuestos para ser enrolados (verso 55).

   ** Alusión al abuso sexual (cf. nota 15).

No deja Gilgamesh
hijo a su padre.
Día y noche
es un tirano...
70 ¿Tal es el 'pastor'
de Uruk-*el-Redil?*
¿Un hombre prepotente, altivo,
arrogante...?
No deja él, Gilgamesh,
doncella *a su madre,*
sea hija de un prócer, [o bien]
prometida de *un guerrero.*"

ENKIDÚ, EL SALVAJE

Tras tanto oír
sus quejas *Anu,*
75 convocaron los dioses a la Gran Aruru: *
"Aruru, creaste tú a [ese] *hombre.*
Haz ahora otra creatura
—tormenta sea su corazón—   19
que se le oponga,   **
y recobre así la paz Uruk."

Al oír esto, Aruru
concibió en su corazón
la creatura de Anu.
Se lavó las manos Aruru.
Tomó un poco de barro   20

* *Aruru* es otra denominación de Mah, la diosa madre.
** Enkidú tendrá por misión, por destino, oponerse a los abusos de Gilgamesh.

y lo arrojó a la estepa.

80 *En la este*pa fue creado
   Enkidú el Héroe,
      engendro de la soledad,
         concreción de Ninurta.   21
   *Cu*bierto de pelo su cuerpo todo.
      Como de mujer el cabello,
   hirsuto *como* [haces de cebada,]
         de Nisaba.   *
   No sabe de gente, ni de países.
      No lleva por vestido
         [sino su piel,] cual Sumuqan.   **
   Con las gacelas
         tasca la hierba.
85 Con la manada se echa a beber
         en el estanque,   22
   y con las bestias, en el agua,
         alegra su corazón.   ***

   Un cazador,
         un trampero,   **** 23
   se encontró con él
      a la orilla del estanque.

   * *Nisaba*, diosa de los cereales. En este verso añado a manera de explicación la comparación con "los haces de cebada", implícita en el verso acadio.
   ** *Sumuqan* era el dios de las bestias. Me valgo del recurso explicativo que uso para Nisaba: que Enkidú vaya vestido ("con su propia piel") como Sumuqan equivale a decir que iba desnudo como las bestias.
   *** Además de la compañía de las bestias y de la satisfacción pura y simple de la sed, este verso parece encerrar otra idea: la de que en el agua encuentra un verdadero placer, que después encontrará, ya como hombre, en la cerveza.
   **** Cazador que pone trampas para hacer caer a sus presas.

Otro día, uno más, y un tercero,
    lo encontró el cazador
        a la orilla del estanque.
90 *Al ver*lo, el cazador
    quedó pasmado.
Él se fue con su manada
    a su guarida.   24
El cazador quedó tur*bado,*
    inmóvil, silencioso.
Angustiado el corazón,
    sombrío el semblante,
poseído el cuerpo
    *de an*siedad.
95 Con cara de quien *vuelve*
    de un viaje lejano.

Columna iii

El cazador tomó la pa*labra* y dijo,
    dirigiéndose *a su padre:*
"Padre, *cierto* hombre
    ha venido de la montaña.
Es po*deroso en la región.*
    ¡Tiene fuerza!
¡Como de un trozo *de cielo*
    es grande su vigor!   25
100 *Merodea* por la estepa
    constantemente.
Siempre, con la manada,
    tasca la hierba,
[bebe] *siempre,* metidos
    los pies en el agua.   26

Me da miedo
     acercarme a él.
*Llena las tramp*as
     que yo he cavado,
105   *arranca* las redes
     que yo he t*endido,*
hace escapar de mis manos
     bestias y rebaños.
No me deja hacer
     mi oficio de la estepa."

El padre tomó la palabra y dijo,
     dirigiéndose al cazador:
"Hijo mío, *en Uruk*
     habita *Gilgamesh.*
110   *Nadie hay* tan poderoso
     como él;
como de un trozo de cielo
     es su vigor.
Dirígete hacia él, hijo mío,
     *p*onte en su presencia.
[Que se entere Gilgamesh]
     del poder de ese hombre.   *
Que él te dé
     a Shámhat, la hieródula,   ** 27
115   y ella vaya
     contigo a la caza.

---

* A Gilgamesh lo inquietará que haya alguien que tenga "poder" y que, por lo tanto, sea para él una amenaza.

** Prostituta sagrada cuyas funciones rituales tenían que ver con los ritos iniciáticos y de fecundidad de la diosa Ishtar. Su nombre se debe pronunciar *Shámjat.*

Cuando vaya a beber
la manada al estanque,
*que ella se quite sus ves*tidos
*y le muestre sus for*mas.   28
Él la *verá*
y se arrojará sobre ella.
Lo rehuirá [entonces] la manada,
que con él creció en la estepa."

120   Al consejo de su padre
tendió su oído.
Se fue el cazador
a ver a Gilgamesh.
Se puso en camino, llegó
*y en*tró en el corazón de Uruk:
"Escucha, Gilgamesh,

. . . . .

Hay cierto hombre
venido de la montaña.
125   Es él poderoso en la región.
¡Tiene fuerza!
¡Como de un trozo de cielo
es grande su vigor!
Merodea por la estepa
constantemente.
Siempre, con la manada,
tasca la hierba,
[bebe] *siempre,* metidos
los pies en el agua.
130   Me da miedo
acercarme *a él.*

Llena las trampas
que yo he cavado,
arranca las redes
que yo he tendido,
hace escapar de mis manos
bestias y rebaños...
No me deja hacer
mi oficio de la estepa."

135 Gilgamesh al cazador
se dirigió:
"Ve, cazador, lleva contigo
a la hieródula Shámhat.
Cuando él vaya a beber
con la manada al estanque,
que se quite ella sus vestidos
y le muestre sus formas.
Al verla, él
se arrojará sobre ella.
140 Lo rehuirá entonces la manada
que con él creció en la estepa."

Se fue el cazador y se llevó consigo
a la hieródula Shámhat.
Tomaron el camino,
emprendieron el viaje.
En tres días, el tiempo justo,
llegaron al lugar.
Cazador y hieródula
se sentaron a esperar.

145 Un día y dos estuvieron
        al borde del estanque.
    Llegó la manada
        a beber en el estanque.

    Llegaron las bestias a alegrar
        en el agua el corazón.
    Y él, Enkidú,
        el parido por la montaña,
    con las gacelas
        tascaba la hierba,
150 con el ganado
        bebía en el estanque
    y entre las bestias, en el agua,
        alegraba el corazón.

    Vio Shámhat
        al ser salvaje,
    criatura feroz como las hay
        en el desierto.
    "¡Es él, Shámhat [—le dijo el cazador—,]
        descubre tu regazo,
155 ofrécele tu sexo,   29
        que goce tu posesión!   30
    ¡No temas,
        goza su virilidad!   31
    Cuando te vea,
        se echará sobre ti.
    Suelta tus vestidos,
        que se acueste contigo.

Haz al salvaje
	tu oficio de hembra.
160	Lo rehuirá la manada
	que con él creció en la estepa.
¡Se prodigará en caricias,	32
	te hará el amor!"

Shámhat dejó caer su velo,
	le mostró su sexo.
		Él gozó su posesión.
Ella no temió,
	gozó su virilidad.
Ella se desvistió.
	Él se echó sobre ella.
165	Ejerció ella con el salvaje
	su oficio de hembra.
Él se prodigó en caricias,
	le hizo el amor.
¡Seis días y siete noches,
	excitado Enkidú,
		se derramó en Shámhat
hasta que se hubo
	saciado de gozarla!

Se volvió [entonces] él
	hacia su manada,	33
170	[pero] al ver a Enkidú
	huían las gacelas.
Las bestias de la estepa
	se apartaban de él.

60

Se lanzó Enkidú,
     [pero] su cuerpo no le respondió: 34
inmóviles quedaron sus rodillas
     mientras huía su manada.
Debilitado, Enkidú
     no corría ya como antes.
175 Pero había madurado y logra*do*
     una vasta inteligencia.   35

Se volvió y se sentó
     a los pies de la hieródula;
en la hieródula
     fija su mirada.
Mientras la h*ieró*dula hablaba,
     él era todo oídos.

La hieródula se dirigió
     a Enkidú:
180 "*¡Eres her*moso, Enkidú,
     pareces un dios!
¿Por qué con las bestias
     has de correr por el campo?
Anda, deja que te lleve
     a Uruk-el-Redil,
a la casa *pu*ra, morada
     de Anu y de Ishtar,
donde *Gil*gamesh,
     colmado de poder,
185 como búfalo salvaje,
     tiraniza al pueblo.''

Mientras ella le hablaba,
   él se convencía.
Descubría interiormente
   que necesitaba un émulo.   36

Enkidú se dirigió
   a la hieródu*la:*
"Anda, Shámhat,
   llévame a él.
190 A la casa pura, morada santa
   de Anu e Ishtar.
Donde Gilgamesh,
   colmado de poder,
como búfalo salvaje,
   tiraniza al pueblo.
Lo retaré yo. ¡*Terrible*
   será la lu*cha!*

Columna v
   *Procla*maré en el corazón de Uruk:
   ¡Soy yo el más fuerte!
195 *En*traré a Uruk,
   cambiaré los destinos.   *
¡*El que* nació en la estepa
   será el más *fuerte!*"

"*Ven* [—dijo la hieródula—]
   vayamos *a verlo;*

---

 * Enkidú se propone cambiar ese estado de cosas, que había sido hasta entonces "el destino" que los dioses habían decretado en favor de Gilgamesh. Propósito desmesurado si no fuera porque ése era justamente su propio destino: domeñar al tirano.

te conduciré a Gilgamesh,
sé yo *dónde* está.
Ve, Enkidú,
*al coraz*ón de Uruk-*el-Redil,*
200   *don*de los *jóvenes*
se ciñen con estolas.
[Donde] *ca*da d*ía*
es día de fiesta,
*don*de retum*ban* sin cesar
los tamboriles.
[Donde] *las pros*titutas
*rea*lzan sus formas,
enga*la*nan sus encantos
y, con su algarabía,
205   *sa*can *del le*cho *noct*urno
a los notables.
¡Bah, Enkidú,
*qué sa*bes de la vida!
Te conduciré a Gilgamesh,
un hombre que la goza.
Velo a él,
míralo de frente.
De aspecto varonil,
pletórico de vida.
210   ¡Rebosa seducción
su cuerpo todo!
Y en poder
te sobrepasa.
No descansa de día
ni de noche.

63

¡Reprime tus arrebatos,
Enkidú!
A Gilgamesh,
Shamash lo protege,   *
215   Anu, Enlil y Ea lo han dotado
de amplia inteligencia."

"Aun antes de que vinieras tú
de la montaña,
Gilgamesh en Uruk tuvo un sueño
a propósito de ti:
Se levantó un día Gilgamesh
y fue a contar su sueño.
Así habló a su madre:
Madre, vi esta noche   **
un sueño.
220   Estaban ahí
las estrellas del cielo.
Caía sobre mí
como un trozo de cielo.
[Quería] alzarlo, pero era
más fuerte que yo.
Quería moverlo,
no podía ni levantarlo.

* *Shamash*, el dios del sol y de la justicia, era el dios titular de la dinastía de la que formaba parte Gilgamesh y, por lo tanto, su protector personal, como veremos cuando éste se lance en pos de aventuras: su oración se dirigirá preferentemente a Shamash, quien lo ayudará y verá por él.

** Literalmente, "vi un sueño". Se trata de una revelación visual y no de un producto de la imaginación. Entre las artes adivinatorias, la oniromancia tenía una gran importancia; los sueños eran considerados como mensajes misteriosos de los dioses. Este aspecto de la cultura mesopotámica está muy bien ilustrado en el poema de Gilgamesh, que ofrece numerosos ejemplos de revelaciones divinas a través de los sueños.

La gente [toda] de Uruk
        estaba ahí;
225 se congregaba
        a mi alrededor.
La multitud
        se precipitaba hacia él,
se amontonaba
        el gentío en torno suyo.
Y como niños pequeños
        besaban sus pies.   *
Yo mismo como a una esposa
        lo acariciaba.   37
230 Lo echaba
        a tus pies
Y tú lo tratabas
        como a mí mismo."

La madre de Gilgamesh,
        la prudente, la que todo lo sabe,
        habló así a su señor;
Rimat-Ninsún
        la prudente, la que todo lo sabe,
        habló así a Gilgamesh:
"Las estrellas del cielo
        son tus guardias.
235 Algo como un trozo de cielo
        caía sobre ti.
Querías alzarlo,
        era más fuerte que tú.

* En la versión paleobabilónica (Tablilla de Filadelfia, col. i, 12), los hombres de
Uruk ayudan a Gilgamesh a levantar el trozo de cielo y a llevarlo a los pies de Ninsún.

Querías moverlo,
    no podías ni levantarlo.
Lo echabas
    a mis pies
*y yo lo tra*taba
    como a ti mismo.
240 *Como a una esposa*
        lo acari*ciabas.*

Vendrá para ti un poderoso compañero,
    protector del amigo,
cuyo poder
    será grande en el país.
Como un trozo de cielo
    será gran*de su vigor.*
Como a una esposa
    lo acariciarás. . .
245 *pues él, de ninguna* manera
        te abandonará.
¡El presagio es fausto,
    *tu sueño es favo*rable!"   *

---

* En la versión paleobabilónica la revelación del sueño es más explícita (Tablilla de Filadelfia, col. i, 17-23):

> Tal vez, Gilgamesh,
> es alguien igual a ti,
> nacido en la estepa,
> criado por la montaña.
> Tú lo verás y te regocijarás.
> Los jóvenes besarán sus pies
> y lo abrazarán.
> Lo traerán a mí.

Gilgamesh por segunda vez
    habló a su madre:
"Madre, vi
    otro sueño.
En Uruk-el-Redil caía un hacha   *
    y, reunido en torno,
250 se hallaba el pueblo todo
    de Uruk.
Toda la gente
    se congregaba a su alrededor.
La muchedumbre
    se precipitaba hacia ella.
Yo la echaba
    a tus pies
y la acariciaba
    como a una esposa.
255 Tú la tratabas
    como a mí mismo."

La madre de Gilgamesh,
    la prudente, la que todo lo sabe,
    habló así a su señor;
Rimat-Ninsún,
    la prudente, la que todo lo sabe,
    dijo a Gilgamesh:
"El hacha que veías
    es un hombre.

---

* En la versión paleobabilónica el hacha no cae sino que simplemente está ahí; a Gilgamesh le gusta y la acaricia como a una esposa. El pueblo no interviene en ese segundo sueño (Tablilla de Filadelfia, col. i, 29-34).

Lo amarás como a una esposa   * 38
        y como a tal lo acariciarás.
260   *Y yo* lo trataré
        como a ti mismo.
Vendrá un compañero fuerte, igual a ti,
        protector del amigo.
Su poder
        será gran*de en el país.*
*Como un trozo de ci*elo
        será grande su vigor."

*Gilgamesh tomó la pal*abra y dijo,
        dirigiéndose a su madre:
265   "*Que* me traigan suerte
        los dados
y que —¡palabra de Enlil!—   **
        me toque un compañero.
Que logre yo tener
        un amigo, un consejero."

*Conta*ba así
                sus sueños *Gilgamesh*
y Shámhat contaba así a Enkidú
                los sueños de Gilgamesh,
270   [mientras donde brota] el manantial
                se hacían y se hacían el amor.

---

* La interpretación de Ninsún en la versión paleobabilónica es la siguiente: "El ha-
cha que veías es un hombre al que amarás" (*ibid.*, i, 39-40).
   ** La *palabra de Enlil* es más que una promesa o juramento. Es una verdadera con-
juración. Invocar la palabra de Enlil, el caudillo de los dioses, que domina el consejo divino
y proclama sus decretos, es tanto como hacer que lo que se dice sea eficaz, puesto que la
palabra divina es creadora por naturaleza.

Tablilla II, columna ii

67   Se quitó ella sus vestidos.
     Con uno cubrió a Enkidú.
     Con otro
70   ella misma se cubrió.
     Lo tomó de la mano.
     Como a un niño, lo condujo
     a una cabaña de pastores,
     donde había un rebaño.
75   En torno a él se agrupaban los pastores.

. . . .

Columna iii

81   Sólo leche de animales
     solía él mamar.
     Pusieron pan frente a él.
     Él lo veía extrañado.
85   Lo examinaba.
     Porque no sabía Enkidú
     de pan para comer,
     ni de cerveza para beber.   *
     ¡No lo había aprendido!   40
90   La hieródula tomó la palabra
     y así habló a Enkidú:
     "Come pan, Enkidú,
     necesario para la vida.

---

* Enkidú, hasta entonces, "sólo con agua alegraba su corazón" (cf. Tablilla I, verso 86), como los animales, en contraposición a los hombres civilizados, que beben cerveza.

Bebe cerveza, es costumbre en el país."
95 Comió pues el pan Enkidú.
¡Hasta saciarse!
Bebió cerveza...
—¡siete jarras!—
Se sintió ligero. Cantaba.
100 Su corazón rebosaba de alegría. 41
Su cara irradiaba.
Enjuagó con agua
el vello de su cuerpo.
Se ungió con aceites [perfumados]
105 Parecía ya un hombre. 42
Se puso un vestido.
Se veía como un novio.
Tomó sus armas,
combatió a los leones.
110 Podían ya descansar de noche los pastores.
Atacó a los lobos,
ahuyentó a los leones...
Podían ya dormir los jefes de pastores.
Era Enkidú su protector.
115 ¡Hombre vigilante,
guerrero único!

. . . .

Columna iv

131 *Un día, cuando* hacía un festín,
levantó su mirada
y vio un hombre.
Llamó a la hieródula:

135 "Shámkat, trae acá a ese hombre.   *

¿Por qué ha venido?

Le preguntaré su nombre."

La hieródula llamó al hombre,

vino él y Enkidú le preguntó:

140 "Muchacho, ¿dónde vas tan de prisa,

por qué un viaje tan cansado?"

El joven tomó la palabra;

así habló a En*kidú:*

"*Me han invit*ado a una boda,   43

145 según la costumbre de la gente,

cuando se escoge a la esposa.

Yo me encargo del banquete,

de los manjares de boda, manjares de fiesta.

[¡Pero ay!,] para el rey de Uruk-las-Plazas   * *

150 abierta está la alcoba —prohibida a otros.   44

¡[Sí], para Gilgamesh, el rey de Uruk-las-Plazas

abierta está la alcoba —prohibida a otros—

reservada al esposo!   45

¡A la esposa elegida la desflora

155 él primero,

el marido después!

Así fue decretado en el consejo de los dioses:

al cortársele el ombligo,   * * *

ésa fue su suerte."

---

* *Shámkat,* variación fonética normal de la *Shámbat* de la versión estándar. Re-
cuérdese que hay casi un milenio entre esta versión y la paleobabilónica.

* * La aposición usada para calificar a Uruk en la versión antigua es *Uruk-Rebítim,*
"Uruk la de las Encrucijadas", que se puede entender por "la de las Plazas".

* * * Es en el momento de "cortarle el ombligo" al recién nacido cuando se fija su
destino.

160   Al oír las palabras del joven,
      el rostro de Enkidú palideció.

. . . .

Columna v

171   Partió *Enkidú por delante.*
      Shámkat iba detrás.
      En el centro de Uruk-las-Plazas
      se juntaba la gente en torno suyo.
175   Se detenía él en una calle
      de Uruk-las-Plazas
      y se congregaba la gente alrededor.
      Se decía de él:
      Tiene el tipo de Gilgamesh por su aspecto;   46
180   más pequeño de estatura,
      pero de gran corpulencia.   47
      ¡Es ése el hombre que ahí donde *nació*
      comía hierba fresca
      y mamaba
185   la leche de las bestias!
      ¡Que haya en Uruk ritos previstos
      y purificación de varones,   48
      al compás del lushanu,   *
      para el varón de la apariencia altiva!
190   ¡Para Gilgamesh, el divino,
      hay ahora un rival!

      El lecho nupcial   49
      estaba preparado.

* El *lušānu* era un instrumento musical, pero no se sabe de qué tipo.

Gilgamesh...

195 *se había de un*ir por la noche con la novia.

Se puso en camino *Enkidú*

y se plantó a media calle

para cerrar el paso

a Gilgamesh...

. . . .

Columna vi

. . . .

212 Se lanzó *Enkidú;*

le hizo frente.

En la gran plaza del país chocaron.

215 Enkidú impedía la entrada

con sus piernas.

Gilgamesh no podía entrar.

Se trabaron como toros.

Rodillas por tierra.

220 Derrumbaron el umbral.

Se estremecieron los muros.

Gilgamesh y Enkidú

se trabaron [en la lucha].

Como toros, se doblaron hasta el suelo.

225 Derrumbaron el umbral.

Se estremecieron los muros.

Se arrodilló Gilgamesh.   *

* Arrodillarse es un gesto de sumisión de quien se rinde (cf. *CAD* bajo *kamâsu* B).

Los pies en la tierra,
se aplacó su cólera.
230 Se dio por vencido. 50

Cuando se hubo rendido,
Enkidú
se dirigió a Gilgamesh:
"Como a un ser único, tu madre
235 te dio a luz.
¡La Búfala, la del Redil,
Ninsún!
¡Sobre todos los hombres se eleva tu cabeza!
¡La realeza sobre los pueblos
240 la decretó, en tu favor, Enlil!" *

* En la versión estándar, después de la lucha, se lee este pasaje en que Ninsún parece reprochar a Gilgamesh su tiranía (si la restitución propuesta es la correcta) y adoptar a Enkidú, "quien no tuvo padre ni madre". Un abrazo de los dos héroes sella su amistad, con lo que se cierra esta primera parte de la leyenda:

La madre de Gilgamesh *tomó la palabra y exclamó*,
dirigiéndose *a su hijo;*
Rimat-Ni*nsún tomó la palabra y exclamó,*
dirigiéndose a su hijo:
"Hijo mío,... De ti se quejaba
amargamente *el pueblo.*
Valiéndose de su fuerza, *Enkidú*
se irguió en la puerta de la casa *de la boda,*
pues se quejaba de ti
amargamente *el pueblo.*
Enkidú no tuvo *padre ni madre...*
Cubierto de pelo...
nacido en la estepa..."
Ahí presente, Enkidú escuchaba sus palabras.
Se sen*tó,* llenos los ojos de lágrimas,
sueltos los brazos, *perdidas* las fuerzas.
Se abrazaron entonces *Gilgamesh y Enkidú*
y se dieron la mano *como hermanos...*
(Tablilla II, col. iii, 46-50 y col. iv, 5-13)

74

LAS PROEZAS

La expedición al Bosque de los Cedros
Proyecto y preparativos

Versión paleobabilónica (Yale)　　　　　　　　　　51

Tablilla III, columna ii

75　[Enkidú] *tenía llenos de lágrimas los ojos,*
　　tristeza en el corazón.
　　... se sentía abatido.
　　Gilgamesh se volvió hacia él
　　y así habló a Enkidú:
80　"Amigo mío, ¿por qué *tus ojos*
　　están llenos de lágrimas,
　　triste *tu corazón?*
　　[¿Por qué] estás abatido?"

　　Enkidú tomó la pala*bra*
85　*y habló así a Gilgamesh:*
　　"¡Los lamentos, amigo mío,　　　　　　　　　*
　　paralizan mis músculos;
　　sueltos mis brazos,
　　mi fuerza disminuye!"

* La relación entre los lamentos y la pérdida de fuerza de Enkidú es lo que da pie
a considerar su estado como una depresión, debida quizás a la inactividad de la vida urbana,
puesto que el remedio que Gilgamesh propondrá será el de lanzarse a la aventura.

90   Tomó la palabra Gilgamesh
      y así habló a Enkidú:

. . . .

96   *"En el bosque habita el feroz Huwawa.*   * 52
      Tú y yo lo mataremos
      y suprimiremos de la tierra la maldad.
      Iremos a cortar los cedros."   53

      . . . .

103   Tomó la palabra Enkidú
      y habló así a Gilgamesh:
      "Amigo mío, lo aprendí en la montaña
105   cuando merodeaba yo con la manada:
      Por sesenta dobles-leguas
               se extiende el bosque.   ** 54
      ¿Quién penetrará en su interior?
      Es tormenta el rugido de Huwawa.
      Su boca es fuego.
110   Su aliento es muerte.
      ¿Por qué deseas [acometer]
      tamaña empresa?
      No se ha de entablar una batalla
      contra la morada de Huwawa."

115   Tomó la palabra Gilgamesh

---

* Monstruo fabuloso puesto al cuidado del Bosque de los Cedros por Enlil. La "h" del nombre propio se debe pronunciar como "j" (cf. n. 49).
** La *doble-legua*, *bēru*, equivale a 10 km (cf. n. 51).

76

y habló así a Enkidú:

"¡Al bosque de los cedros he de subir,

· · · · · · · · · ·

122   al bos*que de los cedros he de ir,*
a la morada *de Huwawa!"*

· · · · · · · · · ·

127   Tomó la palabra Enkidú
y habló así a Gilgamesh:
"¿Cómo podremos ir *nosotros*
130   al bosque de *los cedros?*
¡Su protección es Wêr. . .   *
ser poderoso, que no duer*me!*
Wêr, *protector de* Huwawa,
es el mismo Adad. . .   * *

· · · · · · · · · ·

Columna iv
136   ¡Para cuidar el *bosque de los cedros*
posee siete terrores!. . ."   * * *

Tomó la palabra Gilgamesh
y habló así a En*kidú:*

---

* *Wêr* era una deidad de la tempestad en la región de la Siria actual. Como dios de la tempestad se le identifica con Adad, como parece sugerirlo el verso 134 (si la restitución es correcta).

* * El nombre de *Wêr* podría derivarse de un término sumerio que significa 'viento', por lo que se identifica con Adad (verso 134), el dios de la tempestad (cf. *EG,* n. 1, p. 236).

* * * *Los terrores* de Huwawa pueden referirse al fulgor terrorífico que envuelve a los seres divinos. La versión estándar los concibe como corazas.

140 "¿Quién puede alcanzar el cielo, amigo mío?
Sólo los dioses moran con Shamash
  en el cielo, eternamente.
La humanidad tiene sus días contados...
todo cuanto hace es viento.
¿Ahora temes tú la muerte?
145 ¿Dónde está tu gran valor?
Iré yo por delante
para oír tu voz, para decirte:
  '¡Acércate, no temas!'
Y si sucumbo yo,
  que mi nombre sobreviva:
'¡Gilgamesh con el feroz Huwawa,
150 en combate se trabó'.
¡Tú naciste y creciste en la estepa
y los leones te atacaron! Todo lo sabes.

  . . . .

157 Tu miedo me enfurece.

*Pondré m*anos a la obra
*para co*rtar los cedros
160 y lograr así un *nombre* eterno.

Vamos a la forja, amigo mío,
y que en presencia nuestra
  las armas sean forjadas."

Juntos fueron a la forja.
Se dispusieron los fundidores
  a diseñar los planes:

165 forjaron las grandes pashu   *
    forjaron hachas de tres talentos,   **
    forjaron grandes espadas
    con hojas de dos talentos,
    con remaches de tres minas   ***
170 y de treinta minas de oro las empuñaduras.
    Quedaron así armados Gilgamesh y Enkidú.
        ¡Con diez talentos cada uno!   ****

En la puerta, la de Uruk, de siete trancas,
para oírlo la gente se juntó...
Había algarabía en Uruk-las-Plazas
175 y, al oír Gilgamesh el alborozo
de Uruk-las-Plazas...
hizo que el pueblo frente a él se sentara.
Y dijo entonces Gilgamesh
a la gente de Uruk-las-Plazas:
180 "¡Lucharé contra el feroz Huwawa.

Columna v

Iré a ver [—dijo Gilgamesh—]
        a aquél de quien se habla,
aquél cuya fama alcanza al mundo entero.
¡Lo atraparé en el Bosque de los Cedros!
Se proclamará en el país:
185 ¡Cómo es poderoso el retoño de Uruk!

* *Pašu* era el nombre de un tipo de hacha cuyas características desconocemos.
** El *talento*, *biltu*, pesaba 30 kg, de modo que las hachas pesaban ¡90 kilos!
*** La *mina* equivale aproximadamente a medio kilo: 3 minas = 1½ kg.
**** Evidentemente se trata de dar la idea de que los héroes son verdaderos gigantes sobrehumanos: cada uno lleva armas cuyo peso es de 300 kg.

Con mis propias manos cortaré los cedros.   * 56
¡Perdurará mi nombre para siempre!"

Los ancianos de Uruk-las-Plazas   57
replicaron a Gilgamesh:
190   "Eres joven Gilgamesh, tu corazón te impulsa,
no sabes lo que quieres hacer.
Nosotros hemos oído
        que su aspecto es espantoso.
¿Quién podrá oponerse a sus armas?
Por sesenta dobles-leguas
        se extiende el bosque. . .
195   ¿Quién *penet*rará en su interior?
Es tormenta el rugido de Huwawa.
Su boca es fuego. Su aliento es muerte.
¿Por qué deseas [acometer] tamaña empresa?
¡Contra la morada de Huwawa
        no se ha de entablar una batalla!"

200   Al oír Gilgamesh lo que decían sus consejeros,
riendo con su amigo respondió:
"Entonces, *diré así, amigo* mío:
'Puesto que tengo miedo,
habré de ir'. . ."   **
        . . . .

---

* La expedición tenía un fin lucrativo que puede haber sido su motivación original.
** La irónica respuesta de Gilgamesh implica la máxima prueba de su audacia: no emprende su aventura por ser fácil, ni por inconsciencia del peligro; sabe muy bien a lo que se expone y acepta el reto.

213   "Que tu dios esté contigo

        —dijeron los ancianos—

    y te haga tomar el buen camino

        de retorno a Uruk-las-Plazas."

215   Se postró Gilgamesh ante Shamash:

    "Sea según sus palabras.

    Partiré, Shamash.

    Que *sano y salvo* pueda yo volver.

    Tráeme con bien al muelle. . .

220   ¡Ponme bajo tu sombra!"

    . . . .

Columna vi

    De los *ojos de Gilgamesh* corrían las lágrimas:

230   *"Tomaré* un camino que nunca he recorrido,

    cuya ruta, oh dios mío, no conozco.

    Si conservo *la vida,*

    y con alegría del corazón. . .

    vuelvo a mi casa. . .

235   te ofreceré yo un trono."

    . . . .

    Enfundó su gran espada. . .

    tomó el arco y el carcaj. . .

    . . . . .

    se caló el hacha. . .

240   A su espalda *se echó*

    . . . .

el carcaj de Anshán...   *

y en el cinto, el puñal...

Por la calle tomaron el camino.

245 Bendecía a Gilgamesh la multitud:

"¿Volverás algún día a la ciudad?"

Los ancianos lo bendecían

y le daban consejos sobre el viaje:

"¡No confíes en tu fuerza, Gilgamesh!

250 ¡Estén atentos tus ojos, ten cuidado!

Que vaya por delante Enkidú:

él sabe la ruta y ha hecho el camino,

conoce los pasos de montaña

y los ardides todos de Huwawa

255 —el que va delante cuida a su compañero—;

sus ojos atentos te cuidarán.

¡Que te permita Shamash lograr lo que deseas!

Que lleguen a ver tus ojos lo dicho por tu boca.

Que te abra los senderos cerrados,

260 disponga para tus pasos el camino,

escoja la montaña para tus pies.

Que te regocije el sueño de tus noches.

Que te conduzca y te asista Lugalbanda.

Conforme a tu propósito,

265 logra, tan pronto como puedas, tus deseos.

En el río de Huwawa, objeto de tu empeño,

lava tus pies.

En tus altos nocturnos, cava un pozo

para que no falte en tu odre el agua pura

* _Anshán_ era una región del antiguo Elam (al occidente del Irán actual).

82

270 y ofrezcas a Shamash libaciones de agua fresca,
sin olvidar tampoco a Lugalbanda." *

Enkidú tomó la palabra y dijo a Gilgamesh:
"Como te lo has propuesto, emprende el viaje.
No tengas miedo, mírame a mí:
275 conozco yo el lugar donde está el enemigo,
y los caminos que Huwawa frecuentaba. . ."

. . . .

* En la versión estándar, después de los consejos que le dan los ancianos, Gilgamesh
invita a Enkidú a ir al gran palacio a ver a Ninsún, quien, purificada y ataviada con vestidos
de ceremonia, joyas y corona, sube a la terraza, presenta una ofrenda a Shamash y, levan-
tando las manos, exclama:

> ¿Por qué me has dado por hijo a Gilgamesh
> y has puesto en él un corazón sin reposo?
> ¡Ahora lo haces tomar
> el camino que lleva a Humbaba!
> Emprenderá un viaje lejano
> para entablar una lucha imprevisible,
> un camino desconocido hasta el día en que vuelva
> después de haber llegado al bosque de los cedros
> y haber matado al feroz Humbaba
> para extirpar del país todo el mal que tú detestas.
> Y cuando tú reposes. . .
> que Aya-la-Nuera, [*tu esposa, hija de Sin*],
> ella misma, sin vacilar, te recuerde [*y lo confíe*]
> a los "guardianes de la noche". . .
> *las estrellas del cielo.*
> *(Tablilla III, col. ii, 10-18).*

Y después de una larga laguna textual, se lee que Ninsún confía solemnemente a
Enkidú la protección de Gilgamesh:

> ¡Oh Enkidú, el vigoroso, tú no saliste de mi seno,
> *pero* ahora yo declaro, junto con las devotas de Gilgamesh,
> las sacerdotisas consagradas y las hieródulas:
> "¡La responsabilidad recaiga en los hombros de Enkidú!".
> *(Tablilla III, col. iv, 17-20).*

83

286 Los hombres lo aclamaban:
"Ve, Gilgamesh...
¡Que te acompañe tu dios, Shamash
y te permita lograr lo que deseas!"

. . . .

En camino

Tablilla IV, columna i (LKU 39)   58

1 *A las veinte* dobles-leguas   *
      compartieron sus raciones.
   Otras treinta dobles-leguas
      y plantaron su campamento.
   Caminaron *cincuenta dobles-leguas*
      en un día,
   ¡la distancia [que se recorrería]
      en un mes y quince días!   59
         En tres días llegaron a una montaña.   60
5 *En presencia de Shamash*
         cavaron un pozo   61
   y erigieron...
         un altar.
   Subió Gilgamesh
         y en la cima del monte
   a Shamash hizo su ofrenda
         de harina tostada.   62

   "¡Tráeme, oh montaña,
      un sueño favorable!"

---

* El *bēru*, la "doble-legua", 10 km: veinte *bēru* = 200 km (cf. n. 51).

10 Enkidú ejecutó el rito
        en favor de *Gilgamesh*.
    ¡Pasó una tempestad
        y se alejó!
    Lo hizo acostarse
        dentro de un círculo...
    y él, como la harina,
        se ensombreció...   63
    Acurrucado Gilgamesh,
        el mentón en las rodillas,
15 cayó sobre él el sueño
        que invade a la gente.
    A media noche
        su sueño se interrumpió;   64
    él se levantó para contarlo
        a su amigo:
    "Amigo, ¿no me llamaste?
        ¿Por qué estoy despierto?
    ¿No me sacudiste?
        ¿Por qué estoy sobresaltado?
20 *¿No ha pasado un espectro?*
        ¿Por qué me despertó el terror?

        . . . .

(K 8586)

32' *"El* sueño que he visto,
        helo aquí:
     Estábamos en una ca*ñada*
        [al pie] de la montaña.
     [De pronto,] la montaña
        nos caía [encima,]

35' *pero no*sotros volábamos
      como moscas de jun*cales.*"

El que nació en la estepa
      tomó la palabra;
se dirigió a su amigo.
      Enkidú *explicó el su*eño:
"Amigo mío, es tu sueño
      de buen augurio. . .
¡Tu sueño
      es muy propicio!   65
40' La montaña que tú viste,
      amigo mío,
[significa:] 'prenderemos a Humbaba,   *
      lo mata*remos*
y arrojaremos al despoblado
      su cadáver.
Tendremos al alba,
      *buenas nu*evas'."   **
      . . . .

Columna ii (BM 853) (= CT46, 30 núm. 21)
44' *A las veinte dobles-leguas*
      *compar*tieron sus raciones.   66
      Otras treinta dobles-leguas
      y plantaron su campamento.

---

* *Humbaba* es forma fonética tardía, equivalente al *Huwawa* de la versión paleo-babilónica.
** De la segunda etapa sólo quedan los versos introductorios, idénticos a los de la primera y tercera etapas. El contenido del sueño y su interpretación están perdidos, por lo que pasamos directamente a la tercera etapa.

45'   *Caminaron cincuenta dobles leguas*
                     en un día,
       ¡la distancia que se recorrería
                     en un mes y quince días!
                     En tres días llegaron a una montaña.
       En presencia de Shamash
                     cavaron un pozo
       y erigieron...
                     un altar.
       Subió Gilgamesh
                     y en la cima del monte
50'   *a Shamash hizo su ofrenda*
                     de harina tostada.

                     . . . .

1'   "¡Tráeme, *oh montaña,*
                     un sueño favorable!"
       Enkidú ejecutó el rito
                     en favor de Gilgamesh.
       ¡Pasó una tempestad
                     y se alejó!
       Lo hizo acostarse
                     dentro de un círculo...
5'   Él, como la harina,
                     se ensombreció...
       Acurrucado *Gilgamesh,*
                     el mentón en las rodillas,
       cayó sobre él el sueño
                     que invade a la gente.

A media noche
   su sueño se interrumpió.
Él se levantó
   para contarlo a su amigo:
10' "Amigo, ¿no me llamaste?
   ¿Por qué estoy despierto?
¿*No* me sacudiste?
   ¿Por qué estoy sobresaltado?
¿*N*o ha pasado un espectro?
   ¿Por qué me despertó el terror?
Amigo mío, tuve
   un tercer sueño.
Y el sueño que tuve
   es inquietante:
15' ¡Tronaban los cielos,
   la tierra rugía!
[Después,] sumergido en silencio mortal el día,   67
   surgían las tinieblas.
¡Tro*nó* [entonces] *un* rayo,
   se produjo un incendio!
*Las lla*mas fulguraban.
   La muerte llovía.
Las brasas se ex*tinguieron,*
   el fuego se apagó.
20' Caían *las brasas*
   y se hacían ceniza.
*Baje*mos pues a la planicie
   para poder discernir".
Escuchó Enkidú y explicó [a Gilgamesh
   el sentido de su sueño].   68
    Así habló a Gilgamesh:

. . . .

"Tu sueño es favorable.

¡No *pereceremos!"*   * 69

Columna v (K 8591 + K 13525)

[Gilgamesh oró a Shamash al llegar al bosque]

38'   Delante de Shamash   70
      corrían *sus lágrimas:*
      "¡Lo que en Uruk
      prometiste *a Ninsun,*
40'   *recuérda*lo ahora,
      asísteme y *escúchame!"*

* El contenido de los sueños de las demás etapas está perdido en la versión estándar
y, en cambio, el de la versión paleobabilónica se ha recuperado. Aunque el texto acadio
no se haya publicado aún, J. Bottéro ha publicado ya una traducción al francés (cf. n. 66),
de la cual está tomada la que sigue, que es interesante dar a conocer:

> "Escala la cumbre de la montaña y acuéstate en el suelo."
> "He sido privado bruscamente del sueño que los dioses conceden.
> Es que he visto un sueño, amigo mío: ¡Era extraño,
>   [fascinante, inquietante!
> !Luchaba yo, cuerpo a cuerpo, con un búfalo salvaje!
> ¡Con sus cascos hendía el suelo, levantando un polvo
>   [que oscurecía el cielo!
> Cedía yo ante él / cuando alguien me cogía del brazo. /
>   [Desenvainó...
> Me tocó la mejilla. ¡Me dio a beber agua de su odre!"
> "¡Se trata del ser sobrenatural, amigo mío, hacia el cual nos dirigimos!
> ¡Ese búfalo no es ciertamente un presagio funesto!
> Es que Shamash-Protector, en pleno peligro, nos tomará de la mano.
> ¡El que te hizo beber del agua de su odre
> es tu divino patrón, que te cuida, Lugalbanda!"
> "Si actuamos de concierto haremos algo único,
> una proeza inaudita en el mundo".   *(IM 52615)*

> "¡Amigo mío, apenas habíamos llegado al bosque,
> el uno cerca del otro, cuando se desencadenó la batalla,
> mientras tú mirabas, fascinado, el resplandor de
>   [un ser sobrenatural!"

89

*De Gilga*mesh,

del retoño de Uruk,

Shamash escuchó

la plegaria.

¡Inmediatamente [se oyó] un grito de alarma!

Desde el cielo [Shamash] gritó: 71

"¡Rápido, hazle fre*nte*   72

antes de que re*grese al bosque!*

45' ¡Que no baje

a su guarida!   73

No se ha revestido

de sus siete corazas: *

"¡Es que con Huwawa, a quien tu alma tanto teme,
tú te medirás y lo abatirás como a un toro!
¡Con toda tu fuerza le torcerás la cabeza!
En cuanto al anciano que has visto, es Wêr, tu dios,
o bien tu padre Lugalbanda!"
"Amigo mío, he visto un cuarto sueño,
                    [más terrible aún que los otros tres.
Veía yo a Anzu en el cielo.
Él se lanzaba para volar sobre nosotros como una nube.
¡Era un espanto! ¡Su aspecto era monstruoso,
su boca era de fuego; su aliento, la muerte!
Un joven. . . El pasaje. . . figuraba. . .
En mi sueño nocturno, mis manos asían sus alas".

[faltan cuatro versos, tres en el anverso y uno en el reverso]

"Este Anzu, parecido a una nube, volaba sobre nosotros,
este espanto de horrible apariencia,
cuya boca era de fuego y el aliento muerte,
y cuyo resplandor te causaba miedo. . .
soy yo mismo. Yo te sostendré contra él.
¡En cuanto al joven que tú viste, es Shamash el Poderoso!"
                              (IM 58451)

* Las *siete corazas* ('7 mantos', literalmente) de que hace mención este verso son

90

lleva *sólo una,* se ha quitado seis."

Ellos, *tomándose la mano,*
como toros furiosos
embis*tieron.*
Por vez primera Humbaba
lanzó un grito de te*rror.*
50' ¡Gritó el guardián del bosque!...

. . . .

Columna *vi (Rm 853 r)*

[Gilgamesh arengó a Enkidú:]   74
1' "En terreno resbaloso, *uno solo resbala;*   *
       dos [pueden pasarlo.]
Dos *son*
      como si fueran tres...
Dos triples [cuerdas
pueden más] *que una sola* cuerda triple.
5' *Dos cachorros son mas* fuertes
     que un le*ón solo."*

. . . .

(K 8591)

23' *Enkidú to*mó la palabra y di*jo:*
"*Suponiendo que yo*
    baja*ra al bosque*

---

los siete terrores a que se refería Enkidú cuando trataba de disuadir a Gilgamesh de empren-
der su arriesgada aventura (Tablilla de Yale, col. iv, 2).
    * Estos versos (1-5) parecen refranes populares que equivalen todos a "la unión hace
la fuerza", por lo que, si bien los versos son fragmentarios, se puede deducir su sentido,
aunque sólo sea conjeturalmente.

25' y abri*era* [su camino],
        se inmovilizarían mis bra*zos*. . ."   *

*Gilga*mesh tomó la palabra y dijo,
        dirigiéndose a su compa*ñero:*
"*¿Por qué, a*migo mío,
        nos acobardaremos?   75
Seis montañas
        hemos pasado ya.
. . . el bosque está frente a nosotros.
    ¿Por qué no habremos de cortar *los cedros?*
30' *Tú, ami*go, que sabes
        del furor de la batalla,
    tú, frotado con las hier*bas,*   **
        no temerás la *muerte.*
¡Nosotros tenemos también
        fulgor div*ino!*   ***
¡Sea *tu voz*
        redoble de tambor!
Que *se libe*ren de la inmovilidad tus brazos,
        y tus rodillas de la debilidad.
35' *¡To*ma mi mano, compañero,
        *va*yamos juntos!
¡Que el combate en*cienda* tu corazón;
        olvida la muerte, *piensa* en la vida!

---

* Enkidú parece atemorizarse; quizá porque él, que conoce "los caminos del bosque", sabe a qué atenerse y conoce los maleficios de que es capaz Humbaba, quien podría paralizar sus brazos.

** Alusión a su origen salvaje, que debería hacerlo más audaz.

*** Este verso hace ver que los mantos de Humbaba correspondían al fulgor (divino) que envolvía a los dioses, ya que el término usado es *melammu*, que tiene ese significado muy concreto.

El que cuida al de junto
    debe ser hombre seguro.
Se cuida solo quien va *delante*,
    pero protege a su compañero
y por generaciones
    perdurará su nombre."   76

La lucha contra Humbaba

Tablilla V, columna i (K 3252 y 8561)

1 De pie,
    a la entrada del bosque,
sin cansarse, admiraban
    la altura de cedros.
Se afanaban buscando
    la entrada del bosque.
Por donde Humbaba solía pasar,
    dejaba sus huellas:
5 veredas muy directas
    hacia el buen camino.   7
Contemplaban la Montaña de los Cedros,
    morada de los dioses,
        santuario de la diosa Irnini.
Al frente de la Montaña,
    los cedros alzaban su verdor.
Sombras agradables,
    llenas de aromas.
*Den*sos matorrales
    tapizaban *el bosque.*

---

* Deidad cuya personalidad es mal conocida.

93

. . . .

1 Sin esperar [echaron mano]
     de las espadas
—*que llevaban*
     en sus fundas—
con filos *de metal*
     [untados] de veneno.
[Atacaron] con cuchillos
     y espadas   78
5-9 *a Humbaba*...
   Armado de un solo terror...
      Humbaba *no gritó*...
         ¡*Humbaba* no gritó!...

. . . .

16 [Pero los amenazó diciendo:]   79
. . . . .

      "Que os maldiga Enlil!..."

Enkidú tomó la palabra y dijo,
      dirigiéndose a Gilgamesh:
"*Para atacar* a Humbaba, *recuerda:*
20 Uno solo,
         solo se queda;
. . . .

En terreno resbaloso, *uno solo resbala;*   80
      [dos pueden pasarlo].
Dos *son*
         como si fueran tres...

94

Dos triples [cuerdas
25 pueden más] *que una sola* cuerda triple.
Dos cachorros son más fuertes
    . que un le*ón solo.*"   81

. . . .

Columna i (W 22554)

1 *Humbaba tomó la palabra y dijo,*
         dirigiéndose a Gilgamesh:
"*¿Te habrán aconsejado, oh Gilgamesh,*
   unos locos insensatos?
        Si no, ¿por qué viniste?
¡Y tú, Enkidú! ¡Un hijo de pescado,
     que no conoce a su padre!
¡Como las tortugas y
    las tortuguillas que no supieron
      lo que es mamar de su madre!   *
5 Cuando eras pequeño
    te miraba sin acercarme a ti.
Ahora, si te mato,
     se satisfará mi vientre.
. . . ¡Oh Gilgamesh, has hecho venir ante mí. . .
. . . a un enemigo, hostil, rabioso!. . .
Le mor*deré, yo, Gilga*mesh,
    la garganta y el pescuezo
10 y d*aré su carne* a comer
   *a las av*es chillonas del bosque,   82
   a las águilas, a los buitres."

---

  * La comparación con esos animales es ofensiva para Enkidú, quien, por haber caído del cielo a la estepa, no supo lo que es mamar de su madre.

95

Gilgamesh tomó la palabra y dijo,
dirigiéndose a Enkidú:
"Amigo mío, la cara de Humbaba
se transforma
*y su as*pecto
se agiganta.
Y de pronto mi corazón
desfallece.'' 83

15 Enkidú tomó la palabra y dijo,
dirigiéndose a Gilgamesh:
"Amigo mío, ¿por qué ha*blas tú*
como un cobarde?
Hablas en secreto,
tapándote la boca. 84
¡Ahora, amigo
—'salió *ya el cobre*
de su molde
en el crisol del herrero;
20 en dos horas se calienta
y en dos se enfría'— * 85
lanza un diluvio,
ataca con el látigo!
¡No despegues los pies,
no eches marcha atrás!''

. . . .

Columna ii (W 22554)
3 Le golpeó la cabeza Gilgamesh.
Le hizo frente.

* Probablemente esto es un refrán que significa: todo está listo para el ataque, puesto que el arma ya está terminada.

¡Con los talones de sus pies
        hendían la tierra,
5   y a sus vuelcos se separó
        el Hermón del Líbano!   *
Se oscurecieron
        las nubes blancas.
Como niebla, sobre ellos
        llovía la muerte.
Shamash suscitó contra Humbaba
        las grandes tempestades:
    a Sutu[, Viento del Sur];   86
        a Iltanu[, Viento del Norte];
            a Shadu[, Viento del Este];
                a Amurru[, Viento del Oeste];
                    a Ziqqu[, Viento que sopla];
10   a Ziqqa-Ziqqa[, Ráfagas];
        a Shaparziqqa[, Tornado];
            a Imhullu[, Destrucción];
                a Sihurra[, Polvareda];
    a Asakku[, Enfermedad];
        a Shuruppu[, Hielo];
            a Mehu[, Tormenta];
                a Ashamshutu[, Torbellino].
¡Trece vientos levantó,
        y la cara de Humbaba se oscureció!
No podía ni embestir al frente
        ni correr hacia atrás.
Y las armas de Gilgamesh
        alcanzaban a Humbaba.

---

* El poeta atribuye —mito etiológico— la depresión que separa las dos cordilleras
al terremoto producido por la lucha titánica de Gilgamesh y Humbaba.

15 Tratando de salvarse, Humbaba
   dijo a Gilgamesh:
   "Para tu niñez, Gi*lgamesh,*
      tuviste una madre que te parió
   y tuviste tú
      un padre *que te engendró.*
   Por decreto del Señor de la Montaña   *
      fuiste encumbrado
   como fruto del vientre de Uruk,
      Rey-Gilgamesh.

   . . . .

23 Estaré a tu servicio. . .
   Cuantos árboles me pidas te daré;
25 . . . madera de mirto. . . maderas preciosas. . ."

   Enkidú tomó la palabra y dijo,
      dirigiéndose a Gilgamesh:
   "Amigo mío, no escuches
      lo que Humbaba *te dice.*
   No des *oído*
      [a sus súplicas"].

   . . . .

Columna iii (W 22554)
   [Humbaba se dirigió entonces a Enkidú:]
1 "Tú conoces sus motivos,
      lo que quiere de mi bosque.   ** 87

---

* Humbaba no profiere el nombre de Shamash —pero se sobreentiende—, a quien reconoce como su amo: "Señor de la Montaña", donde está su morada.
** No ignora Humbaba cuál es la motivación económica de la expedición.

Y sabes tú todo
           cuanto hay que decirle.
¿No hubiera podido yo secuestrarte,
    matarte entre los matorrales,
           a la entrada del bosque?
Hubiera podido dar tu carne a comer
    a las aves chillonas del bosque,
           a las águilas, a los buitres.
5   Ahora, Enkidú, de ti depende
           que alcance yo clemencia. . .
¡Dile a Gilgamesh
           que me perdone la vida!''

Enkidú tomó la palabra y dijo,
           dirigiéndose a Gilgamesh:
''¡Amigo mío, a Humbaba,
           al guardián del bosque de los cedros,
extermínalo, mátalo
           y aplástalo. . .!
10   ¡A Humbaba, guardián del bosque de los cedros,
           extermínalo, mátalo, aplástalo,
antes de que se entere
           el caudillo En*lil*
y contra nosotros *los grandes* dioses
           se llenen de furor!
¡Enlil, en Nippur!
           ¡Shamash, *en Sippar!*   *

* *Nippur* y *Sippar* eran las ciudades en que se veneraba a Enlil y Shamash respectiva-
mente. La gran falta de Enkidú será no sólo matar a Humbaba y proclamar la soberanía de
Shamash contra la de Enlil, el caudillo político de los dioses, sino hacerlo a sabiendas
de que retaba a Enlil.

¡Deja establecido
un nombre *eterno!*"

. . . .

[Humbaba maldice a Gilgamesh y a Endikú]
2'   "¡Que ninguno de los dos
          llegue a viejo,
     y que por su amigo, Gilgamesh,
          Enkidú no obtenga salvación!"   88

     Enkidú tomó la palabra y dijo,
          dirigiéndose a Gilgamesh:
5'   "Amigo, te he hablado y tú
     no me has escuchado".

8-15   [Gilgamesh y su compañero. . .   89
          a su lado. . .
             hicieron correr su sangre. . .
                Cinco veces desenvainaron la espada. . .
                   Humbaba saltaba. . .
                      Con una pica lo inmovilizaron. . .]

16   [Cayó sobre la Montaña
          una densa oscuridad.
     Cayó sobre la Montaña
          una densa oscuridad.]

. . . .

* Sigue un pasaje mutilado, después del cual se repite la súplica de Humbaba y la arenga de Enkidú, sin que se pueda comprender bien la secuencia.

4   Gilgamesh cortaba los árboles,
        Enkidú escogía los troncos.

5   Enkidú tomó la palabra y dijo,
        dirigiéndose a Gilgamesh:
   "Amigo mío, hemos cortado
        un cedro gigante
  cuya copa
        penetraba en el cielo.
  Hice con él una puerta
        de seis NINDA de alto, dos de ancho;   *
  un amat el grueso de sus goznes   **
        inferior, medio y superior.

10 ¡Que el Éufrates
        la lleve a Nippur   ***
  sobre una rada!..."

     . . . .

Enkidú se embarcó...
Gilgamesh llevaba...
        la cabeza de Humbaba.

---

   * El *NINDA* (en mayúsculas porque es un término sumerio) medía quizá alrededor de 6 m. Sesenta *NINDA* son por lo tanto 36 m, exageración a la altura de la leyenda.
   ** El *amātu* equivalía a 0.50 m.
   *** Se adivina que con esta ofrenda Enkidú intenta reconciliarse con Enlil, a quien sabe que ofendió gravemente. El transporte de la madera por el Éufrates se menciona frecuentemente en los textos cuneiformes.

Tablilla VI, columna i

1 Lavó Gilgamesh su cabello,
          purificó sus vestidos,
   soltó su cabellera
          sobre su espalda;
   arrojó los vestidos sucios,
          se revistió de otros limpios;
   se envolvió en un manto
          y se ciñó una estola.
5 Gilgamesh se puso
          entonces su corona.

   En la belleza de Gilgamesh
          puso sus ojos Ishtar, la princesa: *
   "¡Ven, Gilgamesh,
          sé mi esposo!
   Ofréceme como don
          el fruto de tu virilidad.
   Serás tú mi esposo,
          yo seré tu esposa.
10 Haré enjaezar para ti
          un carro de oro y lapislázuli.
   De oro serán sus ruedas,
          de ámbar su timón.
   Haré que se le unzan mulas
          fogosas cual tormenta.

---

* *Ishtar*, como diosa del amor, era concebida como una mujer apasionada y voluble (versos 34 y 42), pero también impetuosa.

A nuestros palacios de cedros fragantes
    entrarás.
Y a tu entrada,
    en los palacios
15 haré que los altos dignatarios
    besen tus pies.
Haré que se inclinen ante ti
    reyes, señores, príncipes
y te paguen en tributo
    el producto de valles y montañas.
Que paran tus cabras triates   *
    y gemelos tus ovejas.
Que superen tus borricos
    a las mulas en la carga
20 y que corran soberbios
    los caballos de tu carro.
Que tus bueyes en la yunta
    no tengan igual".

Gilgamesh tomó la palabra
    y dijo
dirigiéndose a Ishtar,
    la princesa:
"*¿Qué cosa te daré*
    si me caso contigo?
25 . . . *¿perfumes para* el cuerpo
    y vestiduras?
. . . *¿simples* raciones
    para no tener hambre?   **

---

* Como diosa del amor, Ishtar tiene poderes especiales sobre la fecundidad.

** Evidentemente es una exageración irónica. Gilgamesh podía ofrecer más que "ra-

103

Te tendría que ofrecer
   manjares de los dioses.
Te habría de dar a beber
   aguas dignas de tu majestad.

   . . . .

31   . . . ¿con qué manto
   te habré de reves*tir?*
   ¡No, no te tomaré
   como mi espo*sa!*
   ¡Eres un brasero que se enfría
   como hielo!
   ¡Eres portezuela *que deja pasar*
   vientos y corrientes!
35   ¡Eres fortaleza que se desploma
   sobre sus soldados!

Columna ii

   ¡Eres elefante *que hace caer*
   a quien monta en su arnés!
   ¡Eres betún *que mancha*
   al que lo lleva!
   ¡Eres odre de agua *que se derrama*
   sobre su portador!
   ¡Eres cal *que destruye*
   el muro de su constructor!
40   ¡Eres un ariete que derrumba
   murallas de su propio país!

---

ciones para el hambre'', como dice textualmente el verso, pero lo mejor que podría él ofre-
cer no estaría nunca a la altura de lo que exigiría la diosa.

¡Eres sandalia *que lastima*
　　*el p*ie de quien la calza!
A ninguno de tus elegidos　　　　　　　　90
　　has amado para siempre,
ni ha habido pájaro alguno
　　que escape *de tus redes.*
¡Ven, deja te enumere
　　a quienes has amado!
45　　　　　. . . . .
Para Dumuzi,
　　amante de tu ju*ventud,*
decidiste lamentos
　　sin cesar, año tras año.　　　　　　*
Amaste a Allulu,
　　pájaro multicolor.
Y tú le golpeaste un ala
　　para quebrarla,
50　por lo que vive en el bosque
　　gritando: '¡Mi ala!'　　　　　　**
Amaste al león,
　　fuerza todo él,
y no cesas de cavar
　　siete y siete trampas más para él.
Amaste al caballo,
　　dado al combate,
y decretaste para él el látigo,
　　las riendas, las espuelas.

* La muerte de Dumuzi, —el Tamuz cananeo, dios de la vegetación, que muere y resucita anualmente, lo que daba lugar a lamentaciones rituales— era atribuida al hecho de haber caído en las redes de la voluptuosa Ishtar.

** El grito del pájaro evocaba onomatopéyicamente el término *kappi*, que significa 'mi ala'. En ese caso, lo que se trata de explicar es el origen de su canto.

55 Para él decretaste
    siete dobles-leguas de carrera.
Decretaste que él
    enturbiara el agua que se bebe. . . .
Y para Silili, su madre,
    decidiste los lamentos.
Amaste
    al jefe de pastores
que vertía sin falta
    la harina con cenizas en tu honor
60 y cada día
    sacrificaba cabritillas. . .
Y tú lo tocaste
    para transformarlo en lobo.
Y ahora sus propios pastorcillos
    le dan caza. . .
y le muerden los muslos
    sus propios perros.
Amaste a Ilsullanu,
    jardinero de tu padre.
65 Él siempre te llevaba canastos
    con sus dátiles,
cada día te preparaba
    mesas espléndidas.
Pusiste en él los ojos
    y fuiste hacia él:
'Ilsullanu mío, hartémonos
    de tu vigor sexual.   *

---

* La expresión idiomática usada aquí para significar el acto sexual es "comamos de tu vigor (sexual)". Traduzco por "hartémonos", que significa satisfacerse hasta el exceso, sobre todo comiendo, gracias a lo cual se entenderá la metáfora que continúa en el verso 72.

Extiende tu mano,
acaricia mi vulva'.

70 Pero Ilsullanu
te decía:
'¿Qué es lo que quieres
tú de mí?
¿No ha cocinado ya mi madre?
¡Yo no comeré!   *
Se volvería, lo que coma,
pan de pecado y maldición.
Y no tendría para el frío sino juncos
con que cubrirme'.
75 Y al oír tú
lo que él di*jo,*
lo tocaste
*y lo transforma*ste en sapo
para que viviera
enmedio de su jar*dín.*
Pero no sube ya
ni baja el bal*de.*   ** 91
Y si a mí me amaras
*¿no me trans*formarías como a ellos?"

80 *Al oír* esto,
Ishtar,

---

* Ilsullanu evade la proposición fingiendo tomar el verbo del verso 89 en su sentido directo y no el sentido figurado: ya comió, luego no necesita hartarse.
** Quizá el nombre del animal, *dallālu,* o el sonido de su voz, recordaba el ruido de la polea al bajar y subir (cf. n. 88).

furiosa,
subió a los Cielos.
Ante Anu, *su padre,*
Ishtar se fue a *llorar.*
Delante de Antu, su madre,
dejó correr *sus lágrimas:*
"¡Padre mío, Gilgamesh
se ha puesto a insultarme!
85 ¡Ha proferido Gilgamesh
maledicencias sobre mí,
murmuraciones
e infamias!"

Anu tomó la palabra
y dijo,
dirigiéndose a Ishtar,
la princesa:
"¿Qué, no fuiste tú quien provocó
a Gilgamesh, el rey,
90 por lo que Gilgamesh se ha puesto a decir de ti
maledicencias,
murmuraciones
e infa*mias?"*
Ishtar tomó la palabra
y dijo,
dirigiéndose *a Anu,*
su padre:
"¡Padre mío, crea un Toro del Cielo
que mate a Gilgamesh
95 y llene *de fue*go
su morada!

Si tú no me das
    al Toro,
atacaré...
    su morada.
Me pondré en camino
    a los Infiernos
y haré que los muertos se levanten
    y se coman a los vivos.
100 ¡Haré que haya más muertos
    que vivos!"

Anu tomó la palabra
    y dijo,
dirigiéndose a Ishtar,
    la princesa:
"Si es el Toro
    lo que quieres,
habría en Uruk
    siete años de paja...   *
105 Tendrías que almacenar alimentos,
    para el pueblo
en tanto crezca
    la hierba."

Ishtar tomó la palabra y dijo,
    dirigiéndose a Anu, su padre:
... "Padre mío...
110 puesto que habrá...
    ... siete años de paja
    ... ya he almacenado

* Siete años de paja (siete años de sequía), es decir, de hambre.

109

comida para el pueblo.

... en tanto crezca.

115 ...la hierba."

. . . .

Habiendo oído Anu

las palabras de Isbtar,

entregó a Isbtar

el lazo del Toro

e Isbtar lo llevó. . .

120 al corazón mismo de Uruk. . .

. . . .

Bajó al río. . .

Al bramido del Toro

se abrió una fosa.   *

¡Doscientos hombres de Uruk cayeron en ella!

¡Trescientos hombres de Uruk

cayeron en ella!

125 ¡Doscientos hombres de Uruk cayeron en ella!

¡Trescientos hombres de Uruk

cayeron en ella!

Al segundo bramido se abrió otra fosa.

¡Doscientos hombres de Uruk cayeron en ella!

¡Trescientos hombres de Uruk

cayeron en ella!

¡Doscientos hombres de Uruk cayeron en ella!

¡Trescientos hombres de Uruk

cayeron en ella!

* ¿Se referirá a viejas cuencas paralelas al río, que quedan secas al desviarse éste de su curso, como ha sucedido constantemente en esa región de aluviones?

Al tercer bramido
  . . . Enkidú subió.
130 Enkidú
   cayó enmedio.
Saltó Enkidú y asió
  al Toro del Cielo *por los cuernos.*
Echó el toro
  por delante babas
y por su cola
  arrojó estiércol.
Enkidú tomó la palabra
  y d*ijo,*
135 dirigiéndose
  a Gilgamesh:
"¡Amigo mío, salimos airosos
  en el Bosque!
Cual se espera de nosotros. . .

   . . . .
140 arranquemos el mal tú y yo. . .
Yo sujetaré *al toro. . .*

   . . . .
145 *Enme*dio del tes*tuz, entre los cuer*nos. . .
*Le clavarás tú el cu*chillo. . ."

Persiguió Enki*dú* al toro. . .
lo sujetó por la cola. . .

   . . . .

Columna v
150 Como hombre experto y valiente,
   Gilgamesh,

111

enmedio del testuz,
    entre los cuernos...
        le clavó el *puñal!*
Una vez muerto el Toro,
    *le ar*rancaron el corazón
        y ante Shamash lo presentaron.
155 Se alejaron y ante Shamash
        se presentaron.
Se quedaron los dos
        el uno junto al otro.

Ishtar subió a las murallas
    de Uruk-el-Redil.
Se echó de rodillas,
        prorrumpió en un lamento: 92
"¿No acaso me humilló Gilgamesh,
        que mató al Toro del Cielo?"
160 Al oír Enkidú
        lo que decía Ishtar,
arrancó una pata al Toro del Cielo
        y se la arrojó a la cara:
"¡Si a ti
        te agarrara,
haría contigo
        otro tanto
y colgaría tus tripas
        de tus brazos!"

165 Reunió Ishtar
        a las hieródulas,

las prostitutas,
            las rameras;
sobre la pata del Toro del Cielo
            hizo un duelo.

Gilgamesh convocó a los artesanos,
a los herreros todos.
170 Y admiraban los artesanos
            el espesor de los cuernos:
¡Pesaba treinta minas
            su lapislázuli!   *
¡Estaban
            recubiertos de oro!
Y era su capacidad
            de seis GUR de aceite,   * *
que Gilgamesh ofreció para la unción
            de Lugalbanda.   * * *
175 Entró y los colgó en la alcoba
            del jefe de familia.
Se lavaron las manos
            en las aguas del Éufrates
e iban juntos
            cabalgando
por las calles
            de Uruk.
Los hombres de Uruk
            se juntaban para ver*los*.

* Los cuernos de lapislázuli pesaban 15 kg (cada mina 1/2 kg).
** Un *GUR* = 300 litros, lo que da un total de ¡mil ochocientos litros!
*** Se trata, sin duda, de una estatua del padre de Gilgamesh divinizado. Las imágenes de los dioses eran lavadas y ungidas frecuentemente, como si fueran seres vivos.

180   Gilgamesh, a las mujeres
     que servían en el pa*lacio,*
        dirigió estas palabras:
  "¿Quién es el más hermoso
     entre los hombres
  y quién el más glorioso
     de entre los varones?
  *¡Es Gilga*mesh el más hermoso
     entre los hombres!
  *¡Es Enkidú el más glor*ioso
     de entre los varones!
185   *Fuimos nosotros quienes,*
     en nuestro furor,
        arrojamos *la pata del toro!*
  ¡En las calles de Uruk
     para Ishtar no hubo consuelo!"

    . . . .

189   En palacio, Gilgamesh
     hizo una fiesta.
190   Cuando los hombres, ya de noche,
     dormían en sus lechos,
  en su lecho dormía Enkidú,
     y tuvo un sueño.
  Se levantó Enkidú
     y fue a contar su sueño
  dirigiéndose
     a su amigo:

"Amigo mío, los grandes dioses
reunidos en consejo,
discutían sobre mí." * 93

* Una versión abreviada de la leyenda de Gilgamesh (cf. n. 90) encontrada en
Boghaz-Köi, capital del imperio hitita, conserva el contenido del sueño de Enkidú:

Y Anu dijo a Enlil:
"Por haber matado al Toro del Cielo
y a Huwawa, por eso —dijo Anu—
el que ha despojado la Montaña de los cedros debe morir."
Pero Enlil respondió: "¡Enkidú debe morir,
Gilgamesh no debe morir!"
Entonces, Shamash del Cielo respondió a Enlil el Héroe
"¿No fue acaso por mis órdenes
por lo que mataron al Toro del Cielo? ¿Enkidú, inocente,
deberá morir?" Pero Enlil, furioso,
se volvió hacia Shamash del Cielo: "Hablas así
porque tú, como si fueras uno de ellos,
no has dejado de acompañarlos cada día."
Enkidú yacía postrado ante Gilgamesh,
cuyas lágrimas corrían. Él le dijo:
"¡Hermano mío, hermano querido! Se quieren llevar
a mi hermano." Y proseguía:
"¡Yo mismo también me instalaré entre los muertos,
pasaré los umbrales de la muerte
y no veré jamás con mis ojos a mi hermano querido!"

(Traducción tomada de la que J. Bottéro
hace del alemán en *EG*, p. 286-287).

EL CASTIGO DIVINO

ENFERMEDAD Y MUERTE DE ENKIDÚ

27'　Enkidú to*mó la palabra y dijo,*
　　　dirigiéndose *a Gilgamesh:*
　　"Amigo mío,
　　　iré *a Nippur.*
　　A la en*trada del EKUR,*　　　　　*
　　　　templo de Enlil,
30　está la puerta *de cedro*
　　　　que yo le dediqué."　　　　**

　　　. . . . .

36'　Enkidú levantó *los ojos. . .*
　　　y hablaba con la puerta
　　　　cual si fuera *una persona:*
　　"¡Puerta del Bosque
　　　　que no tienes me*moria;*
　　en verdad, no tienes tú
　　　inteli*gencia!*

---

* *EKUR* (que significa en sumerio 'Casa de la Montaña') es el nombre del templo de Enlil en Nippur.
** Se refiere Enkidú a la puerta hecha con la madera que él cortó en el Bosque de los Cedros (Tablilla V, W 22554/7, col. vi, 5'-10').

40'   Por veinte dobles-leguas

          busqué tu madera   95

hasta encontrar

        un cedro alto.

¡No hay madera

        comparable a tu madera. . .!

De seis NINDA de alto,   *

        dos de ancho y uno de espesor;

y de uno, tus goznes,

        inferior, medio y superior.

45'   Te fabriqué y te traje

        a Nippur para el *Ekur.*

De haber sabido

        que tal sería *tu recompensa*

y tal tu bondad. . .

hubiera levantado mi hacha. . .

        para hacerte pedazos. . .

        . . . .

Columna ii (Sm 2132)

12'   Ahora bien, oh puerta,

        yo te hice, *yo te traje.* . .

que te maldiga un rey futuro

        después de mi muerte. . .   96

¡Que cambie mi nombre

        y que ponga el suyo!''

        . . . .

* Cada *NINDA* = 6 m; es decir, en este caso, 36 m.

16' Al oír las palabras de Enkidú,
      Gilgamesh dejó rodar sus lágrimas.
    Tomó la palabra Gilgamesh y dijo,
      dirigiéndose a Enkidú:
        "¡Oh amplio y gran corazón,
    amigo mío, tú que tienes tan buen juicio
      profieres ahora insensateces!
    ¿Por qué hablabas así?
        Desvaría tu corazón.
20' *El sueño* es favorable, aun cuando el terror   *
      haga que zumben tus labios como moscas.
    Un sueño lleno de terror [significa]
      de por vida, desaparece la angustia. . ."
    ¡Vamos! Pediré el auxilio
        de los grandes dioses.
    Los instaré, me volveré
        hacia ellos. . .

            . . . .

25' Para que Enlil el Soberano
        tenga pie*dad de ti,*
    haré tu estatua,
        sin medirme en el *oro.*"   * *

    "Olvídate del oro, amigo mío. . .
        [—replicó Enkidú—]

___

* Gilgamesh intenta hacer una interpretación inversa, como la que había hecho Enkidú a propósito de los sueños que tuvo Gilgamesh camino al Bosque de los Cedros (Tablilla IV).
   ** Las estatuas votivas que representaban al orante eran concebidas como un medio eficaz para propiciar permanentemente la clemencia divina en favor del representado.

lo que Enlil decretó
  será como él lo dijo...
Lo que ha sido dicho
  nunca ha cambiado.
30' *Lo que* él ha decidido
  · . ni cambió, ni se borró...
Los destinos para los hombres
  se cumplirán."

Por la mañana,
  a la primera luz del alba,
levantó la cabeza Enkidú
  *y llo*ró frente Shamash.
Ante los rayos del sol
  corrían sus lágrimas:
35' "Me presento ante ti, Shamash,
  pues mi destino es contrario a la vida.

Aquel cazador,
  el que tendía las trampas,
aquel que no me dejó ser
  como mis compañeros,   *
que no sea él...
  como sus compañeros.

Columna iii
  1 Que mengüe su ganan*cia,*
  que sea menor su parte,

---

  * Enkidú se refiere a las bestias con las que él vivía antes de ser encontrado por el
cazador.

120

y vea disminuir ante sus ojos
          la parte de su herencia.
Que no caiga su presa;
          antes bien, que se le escape." 97

Cuando se hubo hartado
          de maldecir al cazador,
5   lo llevó *su corazón a maldecir*
          a Shámhat la hieródula: *
"¡Y tú, Shámhat, *ven acá* [que te diga]
          cuál será tu destino!
Destino sin fin,
          destino para siempre.
¡Te he de maldecir
          con gran maldición,
maldición que *pronto*
          te sobrevendrá!
10 Jamás construirás hogar feliz.
          . . . .
No tendrás entra*da*
          al harem de las doncellas.
que la espuma de cerveza impregne
          tu hermoso seno
y el vómito del borracho manche
          tu vestido de fiesta.
15   . . . .
. . . Que no consigas vasos limpios
          · para tus ungüentos,

---

* La maldición de Enkidú implica una degradación de Shámhat, que deberá sufrir las condiciones de una vil prostituta.

... ni haya plata pura para ti,
orgullo de la gente.

. . . .

Que sea tu morada *el cruce*
de los caminos;
20   ...*que sea* tu albergue *el despoblado* y tu puesto
la sombra de las murallas.   98
Que abrojos y espinas
*descar*nen tus pies.

. . . .

Que te den bofetadas
ebrios *y borrachos*
... y te traten
a gritos...
25   *Que no haya albañil*
que repare tu techo,
... antes haga en él
su nido la lechuza."

. . . .

38   Shamash oyó
lo que profería su boca
y pronto en el Cielo
se alarmó: *
40   "¿Por qué maldices, Enkidú,
a Shámhat, la hieródula,
quien te hizo comer el pan
destinado a los dioses

* Las maldiciones que profiere Enkidú tienen lugar dentro de una plegaria, por lo que causan la alarma de Shamash, quien interviene para consolarlo y evitar así verse obligado a cumplir tan injustas maldiciones.

y te hizo beber la cerveza
    destinada a los reyes,
te revistió con vestidos
    como un príncipe
y te consiguió por compañero
    al soberbio Gilgamesh?
45 Ahora, Gilgamesh,   99
    como hermano mayor,   *
*te ha*rá reposar
    en un gran lecho.
En lecho preparado con cariño
    te hará reposar.
*Te ha*rá descansar
    en la morada de la paz,
    en una morada a su izquierda.   100
Los consejeros del reino
    besarán tus pies.
50 *Hará que llo*re por ti la gente de Uruk,
    y por ti guarde luto.   101
Al pueblo, antes gozoso,
    le hará observar el duelo.
Después, *por ti,* él mismo
    se deshará el peinado   **
*y, vesti*do con la piel de un león,
    errará por la estepa."

* Gilgamesh, más que el amigo, es el hermano mayor y, como tal, a él le compete cumplir la obligación de hacerle los honores funerarios, que es a lo que se refieren los versos que siguen y lo que la gente de la época consideraba un gran consuelo.
** Gestos dramáticos de duelo frecuentemente ilustrados en la literatura del mundo semítico.

Al escuchar Enkidú las palabras
de Shamash, el valeroso,
55 ... se apaciguó la ira
de su corazón
Se calmó su cólera...
[y dijo a Shámhat:]
. . . .

Columna iv

1 "*¡Que las mal*diciones *de mi boca* cambien
y se transformen en bendi*ciones!*
Que sean tus amantes
*los encum*brados y los príncipes.
Que los que estén *a una doble-legua*
se golpeen los muslos.   *
Que los que estén a dos dobles-leguas,
se tiren el cabello.   **
5 Que el soldado *no se contenga ante ti,*
antes bien suelte el cinturón,
y te dé obsidiana,
lapislázuli y oro.
Para quien te ofrezca *aretes*
de oro elaborados
... haya lluvia
y cosechas abundantes.
... *Que se te dé entrada*
en el templo de los dioses.   ***

* De ansiedad por estar lejos de ella.
** De desesperación.
*** Se refiere a que conservará su posición social, no ya de simple prostituta sino
de hieródula.

124

10 *Que por ti sea* repudiada
          la siete veces madre."   *

. . . Enkidú. . .
          el cuerpo enfermo,
solo,
          yacía *en su lecho.*
Contó a su amigo todo
          cuanto en su corazón pesaba: 102
"Amigo mío, durante la noche
          tuve un sueño:
15 Los cielos *bramaban,*
          la tierra resonaba.
Entre ellos
          estaba yo de pie.
. . . El de la cara
          tenebrosa,
. . . el de la cara
          como de Anzu,   **
con patas de león,
          con garras de águila,
20 *me agarraba del cabello*
          y me sometía.
Yo lo ata*caba* y él saltaba,
          como a la cuerda,
pero él me golpeaba. . .
          y se apoderaba de mí.

---

* La mujer preferida y la más honrada era la más fecunda y hasta ésta sería repudiada en favor de la hieródula.

** *Anzû* era un monstruo maléfico, híbrido de pájaro y león.

Como búfalo, pesado,
se me echaba encima;
me sujetaba, abrazando fuertemente
mi cuerpo todo.
25 '¡Sálvame, amigo mío!', [decía yo,]
*pero tú no me salva*bas.

. . . .

31 Me transformaba
en pichón; *
... eran mis brazos
como **alas** de ave.
Prisionero, me condujo a las tinieblas,
a la Mansión Irkallu; **
a la casa que tiene entrada
pero no salida;
35 al camino que tiene ida
pero no retorno;
a la casa cuyos habitantes
están privados de luz,
cuyo alimento es polvo,
cuyo pan es barro,
[con los que van] vestidos como pájaros,
con vestidos de plumas,
y que, sin ver la luz,
viven en tinieblas.
40 *En la casa del pol*vo,
donde yo entraba,

* Los mesopotamios se imaginaban a los muertos cubiertos de plumas como aves
y, concretamente, a veces como pichones —¿por su canto lastimero, que les parecía triste,
o por su color gris?
** La *Mansión Irkallu* es una denominación del Infierno.

126

veía yo coronas

    amontonadas   * 104

y escuchaba a los de las coronas,   **

    que gobernaron el país

    en tiempos remotos;

a los que ofrecían carne asada   ***

    en honor de Anu y de Enlil,

a los que ofrecían pan cocido

    y odres de agua fresca para beber.

45 En la casa del polvo,

    donde yo entraba,

moraban los sacerdotes Enu

    y los Lagaru;

moraban los Isippu

    y los Lamahu;

moraban los Gudapsu

    de los grandes dioses.

Moraba ahí Etana,

    moraba Sumuqan,   ****

50 *y moraba* la Reina del Infierno,

    Ereshkigal.

* En el Infierno, los reyes estaban despojados de sus coronas, que yacían ahí "amontonadas".

** Enkidú "oía" murmurar o gemir tristemente (?) "a los de las coronas", es decir, a los reyes.

*** Después de los reyes, Enkidú ve a los sacerdotes, cuyas actividades en vida están enumeradas en éste y en el verso siguiente (43-44), y cuyos principales títulos aparecen en los versos 45 al 48.

**** *Etana*, según la tradición, fue el primer rey de Kish de la primera dinastía postdiluviana y, según una leyenda, fue llevado al cielo, como Prometeo, por un águila (cf. *RPO*, p. 294). *Sumuqan* es un dios secundario que representa a los animales salvajes; su presencia en este pasaje, al lado de Etana, se explica quizá por ser el dios al que correspondería la categoría de Enkidú por su origen salvaje, pero lo que no se sabe por ningún otro mito conocido es que Sumuqan fuera un dios muerto.

Belet-Seri, escribana del infierno,
             postrada delante de ella,
mantenía en alto una *tablilla*
             frente a ella.
Levantando la cabeza
             me miraba:
'*¿Quién* fue quien trajo
             a este hombre?' "

             . . . .

Columna v totalmente perdida

             . . . .

Columna vi

    [Enkidú, moribundo, exclamaba]:
3   "*¡A mí, que contigo*
             sufrí tantos trabajos,
    recuérda*me, ami*go mío, no olvides
             todo lo que pasé contigo!"

5   "Mi amigo [—decía Gilgamesh—]
             tuvo un sueño inexplicable
    y el día en que vio ese sueño
             perdió su fuerza."

    Estaba postrado Enkidú.
             Un día *y un segundo día.*
    La enfermedad de Enkidú
             en su cama *lo acababa.*
    Y así un tercer día
             y un cuarto día.

10 Y así un quinto, un sexto,
    un séptimo día, un octavo,
      un noveno y un décimo día.
        La enfermedad de Enkidú
          en su cama *lo acababa.*
      La enfermedad de Enkidú
        se agravó
    al undécimo día y al duodécimo día
      la enfermedad lo acababa.

    Enkidú *se incorporó*
        en su lecho. . .
    Gritó: "*Me salvó* Gilgamesh
        en la lucha, ¿por qué   105
15 *ahora* mi amigo
        me abandona?. . .
    Como cuando en el corazón
        de U*ruk*. . .
    tenía yo miedo de la lucha,
        él estuvo a mi lado. . .
    Mi amigo, que en la lucha *me salvó*. . .
        ahora me abandona!
    Tú y yo, juntos, triunfamos. . .
        ¿por qué me abandonas?"

      . . . .

[El momento supremo de la muerte de Enkidú, que debía tener lugar aquí,
no aparece en ningún fragmento existente].

Tablilla VIII, columna i

1   Al día siguiente,
        a la primera luz del alba,
    Gilgamesh *se dirigió*
        *hacia su a*migo:
    "¡En*kidú, ami*go mío,
        *fue tu ma*dre una gacela;
    un onagro, tu padre,
        *te en*gendró;   *
5   *las asnas salvajes*
        te amamantaron y te criaron
    y por la manada cono*ciste*
        los manantiales todos!
    ¡Que los caminos
        del Bosque de los Cedros,
    sin callar,
        *te llo*ren noche y día!
    ¡Que te lloren los ancianos
        en la amplia plaza de Uruk el Redil,
10 *quienes con* las multitudes
        tras nosotros nos bendecían.
    ¡Que te lloren las barrancas
        de montes y montañas!
    . . . . .
        que nosotros escalamos!
    ¡Que se lamenten las praderas
        como si fueran tu madre!

---

* Padres "putativos", puesto que Enkidú no había tenido ni padre ni madre.

¡Que te lloren. . .
   los cipreses y los cedros,
15 entre los cuales,
      furiosos, nos abrimos paso!
¡Que te lloren el oso,
   la hiena, la pantera,
      el tigre, el ciervo y el leopardo,
el león, el búfalo,
   el venado y el carnero,
      manada salvaje de la estepa!
¡Que te llore el Ulaya, río sagrado,   *
      cuya ribera alegres recorrimos!
¡Que te llore el Éufrates,
      río puro,
20 cuyas aguas derram*aron*
      nuestros odres!
¡Que te lloren
      los hombres de Uruk-el-Redil,
los que vie*ron la lucha*
      del Toro que matamos!
¡Que te lloren
      los campesinos. . .
que exaltaban tu nombre
      cantándote: 'Alalá'!
25 ¡Que te lloren los habitantes
      de la amplia ciudad,

---

* El río *Ulaya* es un afluente del Tigris, en territorio elamita (Irán actual). Sorprende esta mención, dado que no tenemos indicaciones de alguna aventura de Gilgamesh con Enkidú en esa dirección (cf. *EG*, p. 149, n. 2). Podría ser una reminiscencia de la versión antigua en que los héroes fueron al Bosque de los Pinos en Elam y no en el Líbano.

... los primeros
           en exaltar tu nombre!   *
¡Que te lloren
           los pastores...
... que pusieron
           en tu boca la cerveza!   **
... ¡Que te lloren...
30   quienes pusieron
           a tus pies la mantequilla!
¡Que te lloren...
           quienes te dieron a gustar
           el vino fino!
¡Que te llore
           la prostituta... [que]
... te ungió ella
           con buen bálsamo!   106
35   ¡Que te lloren
           aquellos invitados
... que en la casa de la boda   ***
           te pusieron el anillo!
¡Que los *hermanos*
te lloren como hermanas!...
¡Que todos ellos...
40   ... suelten por ti
           sus cabelleras!   ****

---

* Alusión al pasaje importante de la Tablilla II, versos 171-191, en que se narra la acogida que dieron a Enkidú los habitantes de Uruk.

** Éste y los versos siguientes se refieren a los pastores que "aculturaron" a Enkidú (*ibid.*, versos 73-89).

*** La boda en ocasión de la cual se enfrentó Enkidú a Gilgamesh.

**** Gesto frecuente como señal de dolor por un duelo, como también desgarrarse las vestiduras o echarse ceniza en la cara o en la cabeza.

¡Que te lloren, Enkidú,
tu madre y tu padre   *
en el desierto!

1   ¡Escuchadme ancianos!
        ¡A mí, *escuchadme!*
     ¡Lloro yo también
          por mi amigo, Enkidú!
     ¡Como plañidera,
          lloro amargamente!
     [¡Por Enkidú], hacha de mi costado,
          defensa de mi brazo,
5   espada de mi funda,
          escudo delante de mí,
     vestido de mis fiestas,
          estola de alegría!
     Un demonio maligno surgió   * *
          y me lo arrebató.
     ¡Mi amigo, mulo errante,
          onagro del monte,
               pantera de la estepa,
     mi amigo, *Enkidú, mulo errante,*   107
          el onagro del monte,
               pantera de la estepa!

---

* Se refiere a los padres "putativos", las gacelas y onagros de la estepa, puesto que Enkidú no tuvo padre ni madre.

* * En la Tablilla XII, versos 58 y *ss.,* Gilgamesh atribuye la muerte de Enkidú al Infierno mismo, pero esa atribución proviene de otra tradición. Las enfermedades eran personificadas por demonios, por lo que aquí el "demonio" a que se refiere Gilgamesh debe ser entendido como una metáfora de la enfermedad que acabó con Enkidú.

10   Uniendo nuestras fuerzas,
        juntos escalamos la *montaña,*
    nos apoderamos del Toro
        y lo matamos,
    y derrotamos a Humbaba, que *moraba*
        en el Bosque *de los Cedros.*
    ¿Y ahora, qué es este sueño
        que de ti se ha apoderado?
    Te has apagado   108
        y no me respondes."

15   Y él, [Enkidú,]
        no levantó la cabeza.
    Le tocó el corazón
        y no latía.
    Como a una esposa
        cubrió *el rostro* de su amigo.
    Como águila se revolvía
        en torno *suyo.*
    Como leona que ha perdido
        a sus *cachorros,*
20   no cesaba de ir
        de un lado a otro.
    Se arrancaba me*chones de cabello*
        y los soltaba.
    Desgarraba sus vestiduras   109
        y las arrojaba, como cosa maldita.

    Al día siguiente,
        a la primera luz del alba,

Gilgamesh lanzó un llamado
en todo el país:
"¡Fundidores, *lapidarios*,
25 herreros, orfebres, joyeros,
haced *una estatua* de mi amigo!"   110
Gilgamesh diseñó la estatua
a semejanza de su amigo:
... de lapislázuli el pecho,
de oro el cuerpo...
. . . .
49 *Ahora te haré reposar*   *
en un gran lecho;
50 en le*cho preparado con cariño*
te haré reposar.

Columna iii

1 Te haré descansar
en la morada de la paz,
en una morada a mi izquierda.   111
Los consejeros del reino
besarán tus pies.
Haré que llore y se lamente por ti
la gente *de Uruk,*
y que por ti observe un duelo.
Y al pueblo, antes gozoso,
le impondré el luto.
5 Después, por ti, yo mismo
desharé mi peinado

---

* Gilgamesh procede a los funerales conforme a las predicciones de Shamash.

y, vestido con una piel *de león,*
erraré por la estepa."
. . . .

45 A la mañana siguiente,
al despuntar el alba
Gilgamesh abrió la puerta.
Hizo sacar
el gran platón de Elam,   *
llenó de miel un platón
de cornalina,
llenó de mantequilla un platón
de lapislázuli,
lo adornó todo y lo presentó
ante Shamash.   112

* *Elam* era el nombre de la región que se encuentra al occidente del actual Irán. No
sabemos qué características tendría ese platón.

EN POS DE LA INMORTALIDAD

A TRAVÉS DEL CAMINO DEL SOL

Tablilla IX, columna i

1 Por su amigo, Enkidú,
   Gilgamesh
   lloraba amargamente y erraba
   por la estepa.
   "¿No moriré acaso yo también
   como Enkidú?
   Me ha entrado en el vientre
   la ansiedad.   *
5 Aterrado por la muerte,
   vago por la estepa.
   Para encontrar a Utanapíshtim,   **
   hijo de Ubartutu,   ***
   emprendo ya deprisa
   el camino.   ****

* El término *karšu* significa 'estómago' y, por extensión, el interior del cuerpo e incluso el alma, por lo que se lee en algunas traducciones: "el interior", "el corazón", etc. Sin embargo, la traducción literal en el sentido directo, 'el vientre', es expresiva: la angustia, la "ansiedad", se siente sobre de todo en el plexo solar. La conciencia de la muerte hace que la personalidad de Gilgamesh, presa de angustia, ansiedad, miedo, se transforme: su aspecto exterior no es sino la manifestación interna del cambio psicológico que sufre.

** *Utanapíshtim*, el "Noé" mesopotamio, había obtenido la inmortalidad como recompensa por haber salvado a la humanidad de la catástrofe del diluvio.

*** *Ubartutu* aparece en la *Lista real sumeria* como rey de Shurupak, no así Utanapíshtim.

**** El relato aparece aquí en boca de Gilgamesh, quien, además, habla en tiempo perfecto, lo que lo sitúa ya en camino hacia Utanapíshtim.

De noche, ya he pasado
   los collados de la montaña.
Al ver los leones, yo
   he tenido miedo.   *
10 Levantando la cara,
      suplico a Sin,   * *
   y a la que es gran*de* [entre] los dioses
      se elevan mis plegarias:
   *¡En estos peli*gros,
      sálvame!"

En la noche [se durmió]
   y un sueño lo despertó
[Había unos hombres de piedra]
   . . . que gozaban de vida.   * * * 113
15 . . . Echaba mano
      al hacha,
   desenvainaba *la espada*
      de su funda,
   Como una flecha. . .
      caía sobre ellos.

   * Gilgamesh dirá reiteradamente que él, con Enkidú, ha matado a los leones (pasaje perdido en los textos actualmente conocidos, pero ilustrado en el arte), lo que contrasta con el miedo que aquí dice tener Gilgamesh: uno de los cambios dramáticos de su personalidad a partir del momento en que se hace consciente de su muerte.
   * * *Sin* es el dios de la luna. En la plegaria de Ninsún a Shamash (versión estándar, Tablilla III, col. ii, 20-21), ella implora que, cuando desaparezca Shamash —esto es, a la caída del sol—, su esposa, Aya, hija de Sin, encargue a las estrellas, "Guardianes de la Noche", la protección de Gilgamesh (cf. n. al verso 271 de la Tablilla III de Yale).
   * * * Si la restitución del primer hemistiquio fuera acertada, este verso sería una profecía de lo que se narra en la Tablilla X, col. ii, 29.

Los golpeaba...

      los dispersaba...

      . . . .

Columna ii

1 El nombre de las montañas

      es Mashu [-Gemelos].   *

  *Lle*gó a las montañas

      Mashu,

  que presiden cada día la salida   114

      y la caída del sol,

  cuyas cumbres son soporte

      de la bóveda celeste...

5 y cuya base reposa

      en los Infiernos.   **

  Los escorpiones-Girtablilu   ***

      cuidàn su entrada

  y vigilan a Shamash,

      a la salida y a la puesta del sol.

  ¡Es terrible su resplandor,   ****

      su vista es muerte,

  resplandor terrible

      que cubre las montañas!

10 Al verlos, Gilgamesh

      quedó aterrado,

* Dos altísimas montañas que eran concebidas como pilares de la bóveda celeste.
** *Infiernos* en el sentido de la palabra latina *infernum*, el 'inframundo', el mundo subterráneo, morada de los muertos.
*** Los *Girtablilu* eran seres híbridos, mitad humanos y mitad escorpiones, representados a veces en los sellos cilíndricos. Sus atributos, como los de tantos monstruos del folclor mesopotámico, fuera de los que aquí se señalan como guardianes de las montañas *Mashu*, no son conocidos.
**** Resplandor sobrecogedor que rodea a los seres sobrenaturales.

y su cara se cubrió
de espanto.
Tomó la decisión.
Se acercó a ellos.
El Girtablilu gritó
a su esposa:
"El que viene hacia nosotros
tiene en su cuerpo carne de dios".
15 La esposa respondió
al Girtablilu:
"¡Dos tercios es dios,
un tercio es hombre!"   *
El Girtablilu
exclamó,
dirigiendo la palabra
al retoño de los dioses:
"¿Por qué has tomado
tan largo camino?
20 ¿Por qué vienes
hasta nosotros?
Has pasado montañas
de difíciles collados.
Quisiera conocer el porqué
de tu viaje".

Columna iii

3 "Quiero indagar acerca de Utanapíshtim,
mi padre,   **

---

* El carácter semidivino de Gilgamesh le permite arrostrar a seres sobrenaturales.
** Gilgamesh llama "padre" a Utanapíshtim en señal de deferencia.

quien estuvo presente
en el consejo *de los dioses*
y logró el don de la vida.
5   Sobre la vida y la muerte,
lo he de interrogar!"
El Girtablilu tomó la palabra
y dijo, dirigiéndose a Gilgamesh:
"Nadie ha habido, Gilgamesh,
que haya entrado en la montaña;
nadie que *haya visto*
sus hondonadas.   115
10   A lo largo de doce dobles-leguas,
su interior *es oscuro,*
es densa la oscuridad,
no hay ninguna luz."

. . . .

Columna iv

33   "A pesar de las angus*tias.* . .
a pesar de la humedad o la *aridez.* . .
35   a pesar de las que*jas.* . .
ahora, *tomaré el camino.* . ."

El Girtablilu *se dirigió*
a Gilgamesh, el rey:
"¡Ve, Gil*amesh.* . .
40   La montaña Mashu *está abierta para ti.* . .
Supera montes y montañas. . .
y vuelve sano y salvo. . .
La puerta de la montaña
está abierta para ti."

141

*Al oír esto Gilga*mesh...
45 con mucha atención siguió
　　los consejos del Girtablilu:
　　Tomó el camino de Shamash...　　　　　　　*
　　Cuando hubo caminado
　　　　una doble-hora,　　　　　　　　　**
era densa la oscuridad,　　　　　　　　116
　　no había luz;
no podía *ver ni adelante*
　　　　ni hacia atrás...
50 *Cuando hubo recorrido*
　　dos dobles-horas　　　　　　　　117

　　. . . . .

Columna v

23 *Cuando hubo caminado*
　　　cuatro *dobles-horas,*
　　era densa *la oscuridad,*
　　　　no había ninguna luz;
25 no *podía ver ni adelante*
　　　　ni hacia atrás.
　　Cuando hubo caminado
　　　cinco dobles-horas
　　era densa la os*curidad,*
　　　　no había ninguna luz;

* El camino subterráneo que recorría el sol al ponerse por el occidente para reaparecer por el oriente.
** Los mesopotamios consideraban que el día completo (día y noche) se dividía en 12 y no en 24 horas. En estos pasajes Gilgamesh recorre el camino subterráneo del sol en 12 horas mesopotámicas; es decir, en un día completo, por lo que, si inicia su recorrido al amanecer, saldrá al otro extremo del camino (el oriente) al amanecer del día siguiente.

no po*día ver*
  ni adelante ni hacia atrás.
Cu*ando hubo caminado*
  *seis dobles-ho*ras,
30 era densa la oscuri*dad,*
  no había ninguna luz;
no podía *ver*
  ni adelante ni hacia atrás.
Cuando hubo caminado
  siete dobles-horas,
era densa la oscuridad,
  no había ninguna luz;
no podía *ver*
  *ni a*delante ni hacia atrás.
35 *Cuando hubo caminado*
  ocho dobles-horas, se puso a gritar;
era densa *la oscuridad,*
  no había ninguna luz;
no po*día ver*
  *ni ade*lante ni hacia atrás.
Cuando hubo caminado
  nueve *dobles-horas,*
   sopló un viento fresco;
    . . . su cara se alegró.
40 *Pero era densa aún la oscuridad;*
  no había ninguna luz
y no podía ver
  ni adelante ni hacia atrás.
*Cuando hubo cami*nado
  diez dobles-horas,
   . . . *la salida estaba cerca;*

sólo faltaban
> *dos* dobles-horas.

45 *Cuando hubo caminado*
> *once dobles-horas,*
>> salió él antes de [que llegara] el sol.

Cuando hubo recorrido
> *doce dobles-horas*
>> brilló la luz [del sol].

Ante *Gilgamesh apareció* [un bosque de] árboles   *
> *de piedras preciosas.*
>> Él avanzaba admirándolos.

El árbol-cornalina
> tenía frutos
suspendidos en racimos
> que brillaban a su vista.

50 El árbol-lapislázuli
> lucía su follaje
y estaba cargado de frutos
> sonrientes a la mirada.

. . . .

Columna vi

25   . . . Había cedros. . .
     . . . *con troncos* de mármol. . .
     larush marinos   * *
> de piedras-sasu.

---

* La razón de imaginar que Gilgamesh encuentra este bosque lítico no es puramente poética: tiene su razón de ser. Como se verá adelante (Tablilla X, col. iv, 1-15), para cruzar las aguas de la muerte sin ser tocado por ellas, Gilgamesh habrá de necesitar pértigas de piedra que podrá cortar en un bosque de piedra. Este pasaje sirve, por lo tanto, para situarnos en el paisaje que convendrá al episodio de la tablilla siguiente.

* * La equivalencia de las piedras *larušsu, sâsu* y *anzagulme* no ha sido determinada con seguridad, por lo que dejo esos nombres sin traducción.

Como abrojos y espinas
      eran las piedras anzagulme.
Los algarrobos
      daban jadeíta
30 y había árboles de ágata...
      y de obsidiana...

        . . . .
35 Gilgamesh...
      [mientras] los admiraba
levantó sus ojos...
      y vio a una mujer...

TRAVESÍA DEL OCÉANO CÓSMICO Y ENCUENTRO CON UTANAPÍSHTIM

Tablilla X, columna i

1 Siduri, la tabernera, *que mora*
      a la orilla del océano,   118
vivía *ahí y ahí...*
      [tenía su taberna]...
Le habían hecho una cuba.
      Le habían hecho *un tonel.*
Ella iba cubierta de un velo...
5 Gilgamesh había andado errando...
vestía la piel *de un león...*
y aunque tenía *en su cuerpo*
      carne de dios,   119
llevaba [lleno de] angustia
      el corazón.

Como el de quien ha hecho un largo viaje
   era su rostro.
10 La tabernera de lejos
    lo vio,
y para sus adentros
    se de*cía,*
como dialogando
    consigo misma: 120
"Quizá es éste
    un ase*sino.*
¿Hacia dónde se dirige?..."
15 Y viéndolo [venir,] la tabernera
    cerró su puerta.
Cerró su puerta
    y echó *la tranca.*

Gilgamesh puso atención
    al ruido.
Levantó la cara,
    fijó su vista *en ella.*
Gilgamesh se dirigió
    a la tabernera: 121
20 "¿Qué es lo que viste, tabernera,
    que cerraste tu puerta?
Cerraste tu puerta,
    *echaste la tran*ca.
¡Golpearé tu pue*rta,*
    rom*peré la tranca!*
   . . . .
35 *¡Soy yo quien se apoderó y mató*
    al Toro que bajó del Cielo!

146

¡Soy yo quien mató
al guardián del Bosque!
¡Yo aniquilé a Humbaba, que vivía
*en el Bosque de los Ce*dros!
¡En los pasos de la montaña
*yo maté a los le*ones!"   *

*La tabernera se diri*gió
a Gilgamesh:
40   *"Si eres tú Gilgamesh,* quien mató
al guardián *del bosque,*
*quien aniquiló a Hum*baba, que vivía
en el Bosque de los Cedros;
· *quien* mató a los leones
en los pasos de la montaña;
quien se apoderó y mató
*al To*ro que bajó del Cielo;
¿por qué están enjutas *tus me*jillas,
tu cara demacrada,
45   *triste tu corazón,*
maltratado tu semblante,
lleno de *ansiedad*
tu vientre?   122
Como el de quien ha hecho un largo viaje
es tu rostro,
maltratada tu cara
por el frío y el calor.
¿Por qué andas vagando
por la estepa?"

* Episodio seguramente perdido en las numerosas lagunas del texto, pero insinuado en la Tablilla IX, col. i, 9. La iconografía también atestigua la hazaña.

50   *Gilgamesh se dirigió a ella,*
     a la tabernera:

. . . .

8   "¡Lo que le sucedió a mi amigo
     me sucederá a mí!
     *Tomé un largo camino y vago por la este*pa.
     ¡Lo que le sucedió a mi amigo
     me sucederá a mí!
10   *Emprendí un viaje lejano*
     y vago por la estepa.
     ¿Cómo podría callarme yo,
     cómo quedar silencioso?
     ¡Mi amigo, a quien yo amaba,
     *ha vuel*to al barro!   *
     ¡Enkidú, a quien yo amaba,
     ha vuelto al barro!
     ¿No habré yo de sucumbir
     como él?
     ¿Nunca jamás *me habré yo*
     de levantar?"
15   Gilgamesh exclamó dirigiéndose
     a la tabernera:
     "*Ahora,* tabernera, ¿cuál es la ruta
     para ir hacia Utanapís*htim?*
     Cuáles son las señas? ¡Dámelas!
     ¡Dame las indicaciones!

* Metáfora que significa la muerte: "volver al barro" es equivalente a la imagen del retorno "al polvo" del ritual católico del Miércoles de Ceniza: "Recuerda, hombre, que polvo eres y en polvo te convertirás".

[¡Dime] si es necesario
    atravesar el mar!
[¡Dime] si es necesario
    cruzar el desierto!"

20 La tabernera se dirigió
    a Gilgamesh:
"No hay, Gilgamesh, paso
    para ese país.
Nadie, desde que el mundo existe,
    ha atravesado el Océano.
¡Quien cruza el mar es Shamash el Valeroso!
    ¿Quién, sino Shamash, podría cruzarlo?
La travesía es difícil,
    muy arduo el viaje.
25 Y en medio, las aguas de la muerte
    impiden el paso.   *
¿Cómo podrías, Gilgamesh,
    atravesar el mar?
¿Qué harías al llegar
    a las aguas de la muerte?   **

* No se trata de los peligros normales del océano, sino de un agua que causa la muerte con sólo tocarla.

** En la versión paleobabilónica aparece un hermoso pasaje que no recogieron las versiones posteriores:

Gilgamesh, ¿hacia dónde corres?
La vida que persigues, no la encontrarás.
Cuando los dioses crearon a la humanidad,
le impusieron la muerte;
la vida, la retuvieron en sus manos.
¡Tú, Gilgamesh, llena tu vientre;
día y noche vive alegre;
haz de cada día un día de fiesta;
diviértete y baila noche y día!

Hay, [sin embargo,] un barquero
de Utanapíshtim, Urshanabí.
Los [hombres] de piedra están con él.   * 123
Él, en el bosque, cosecha frutos.   124
30   Ve, pues,
encuéntrate con él;
Si hay paso posible, pasarás con él,
si no lo hay, da marcha atrás."

Al oír esto,
Gilgamesh
blandió
el hacha,
desenvainó la espada
y sigilosamente bajó hasta *ellos.*   125
35   Como flecha cayó
entre ellos.
En medio del bosque
resonó *su grito.*
Al verlo, Urshanabí. . .
y al oír el ruido de su hacha. . .
huyó. . .
Gilgamesh [le dio alcance,]
. . . lo golpeó en la cabeza   126

Tus vestidos sean inmaculados,
lavada tu cabeza, tú mismo siempre bañado.
Mira al niño que te tiene de la mano.
Que tu esposa goce siempre en tu seno.
¡Tal es el destino de la humanidad!
("Fragmento Meissner"
MVAG 7/1 : VAT 4105, col. iii, 1"-14).
* Seres concebidos como estatuas animadas que, por su naturaleza, no eran afecta-
dos por las aguas mortales, por lo que servían como remeros a Urshanabí.

40 y lo sujetó por los brazos
        . . . y por el pecho.
    A los [hombres] de piedra los inmovilizó. . .
            . . . .

  1 Urshanabí se dirigió
        a Gilgamesh:
    "¿Por qué tus mejillas están enjutas,
        cansada *tu cara,*
    triste tu corazón,
        demacrado *tu semblante,*
    lleno de angustia
        tu vientre?
  5 *Como el* de quien ha hecho un largo viaje
        es *tu rostro,*
    maltra*tada tu cara*
        por el frío y el calor.
    ¿Por qué andas vagando. . .
        por la estepa?"

    Gilgamesh se dirigió
        a Urshanabí:
    "¿Cómo no habrían de estar, Urshanabí,
        mis mejillas *enjutas, mi cara cansada,*
  10 mi cora*zón triste,*
        demacrado *mi semblante?*
    ¿Cómo podría no estar
        lleno de angustia mi vientre?
    ¿Cómo no habría de tener el rostro
        como el de quien ha hecho un largo viaje,

151

maltra*tada la cara*
     por el frío y el calor?
¿Cómo no habría de andar
     vagando por la estepa?
15 *¡Mi amigo, mulo errante,*
     onagro del monte,
     pantera de la estepa,
mi amigo, Enkidú,
     mulo errante, onagro del monte,
     pantera de la estepa
—uniendo nuestras fuerzas,
     juntos, escalamos la montaña,
nos apoderamos del Toro
     y lo matamos,
derrotamos a Humbaba, que moraba
     en el Bosque de los Cedros,
20 y en *los pasos de montaña*
     matamos a los leones—;
mi amigo, *a quien tanto amé,*
     quien conmigo pasó tantas pruebas,
Enki*dú a quien tanto amé,*
     quien conmigo pasó tantas pruebas,
lle*gó a su fin,*
     destino de la humanidad!
Seis *días y siete noches lloré por él,*
     y no le di sepultura
25 hasta *que de su nariz*
     cayeron los gusanos.
¡Tengo miedo de la muerte y aterrado
     vago por la estepa!

¡Lo que le sucedió *a mi amigo*
me sucederá a mí!
Tomé un largo camino
y vago *por la estepa.*
Emprendí un viaje *lejano*
y vago por la estepa.
¡Lo que le sucedió *a Enkidú*
me sucederá a mí!
30 *¿Cómo* podría ca*llarme yo,*
cómo quedar silencioso?
*Mi a*migo, a quien amaba,
ha vuel*to al barro*;
Enkidú, a quien amaba,
ha vuelto al barro.
¿No habré yo de sucumbir, como él?
¿Nunca jamás me habré yo de levantar?"
Dirigiéndose a *Urshanabí,*
[proseguía] Gilgamesh:
"Ahora, Urshanabí, cuál *es el camino*
para ir hacia Utanapíshtim.
35 Dame cualquier indicación.
Y después de haberme dado *tú las señas,*
si es posible, atravesaré el mar;
si no, *vagaré por la estepa."*
Urshanabí se dirigió
a Gilgamesh:
"Tus propias manos, Gilgamesh,
impidieron *la travesía:*
quebraste a los [hombres] de piedra. . .
40 Pero, ya que están quebrados
los [hombres] de piedra. . .

toma en la *ma*no tu hacha,
Gilgamesh,
baja al bosque y corta *ciento veinte pértigas*
de cinco GAR cada una.   *
Desbrózalas, sácales punta
y trá*emelas a mí''.*   127

Al oír esto,
Gilgamesh
45 levantó el hacha en su mano
y de su funda sacó *la espada.*
Bajó al bosque y cortó
ciento veinte pértigas de cinco GAR;
las desbrozó, les sacó punta
y las llevó *a Urshanabí.*

Gilgamesh y Urshanabí
se embarcaron...
Botaron la barca
y subieron en ella.
50 En tres días hicie*ron la travesía*
de mes y medio.
Llegó *Urshanabí* a las aguas
de la muerte.

Columna iv
1 Urshanabí *se dirigió*
a Gilgamesh:

* El *GAR* medía 6 m; por lo tanto, cada percha tenía 30 metros.

154

"¡Retírate, Gilgamesh, *y toma*
    la primera pértiga;
que las aguas de la muerte
    no te toquen!..."
Una segunda, tercera y cuarta
    *pér*tiga tomó Gilgamesh;
5   una quinta, sexta y séptima
    *pér*tiga tomó Gilgamesh;
una octava, novena y décima
    *pér*tiga tomó Gilgamesh;
una undécima y duodécima pér*tiga*
    tomó Gilgamesh;
A las ciento veinte,
    agotó las pér*tigas.*
Soltó entonces Gilgamesh su cinturón...
10   se quitó la ropa...   128

. . . .

Utanapíshtim miraba
    desde lejos.
Para sus adentros
    se de*cía,*
como dialogando
    consigo mismo:
15   "¿Por qué estarán rotos
    los [hombres] *de piedra* de la barca
y su jefe no lleva
    el timón?
No es el que viene
    de mi gente"...

. . . .

155

42 *Utanapíshtim se dirigió*
        a Gilgamesh:
    "¿Por qué tus mejillas están enjutas,
        tu cara cansada,
    triste tu corazón,
        demacrado tu semblante,
45 *lleno de angustia*
        tu vientre?
    Como el de quien ha hecho un largo viaje
        es tu rostro,
    maltratada tu cara
        por el frío y el calor.
    ¿Por qué andas vagando
        por la estepa?"

    Gilgamesh se dirigió a él,
        a Utanapíshtim:
50 *"¿Cómo no habrían de estar, Utanapíshtim,*
        mis mejillas enjutas, mi cara demacrada,

Columna v

1   *mi corazón triste,*
        demacrado mi semblante?
    ¿Cómo podría no estar
        lleno de angustia mi vientre?
    ¿Cómo no habría de tener el rostro
        como el de quien ha hecho un largo viaje,
    maltratada la cara
        por el frío y el calor?
5   *¿Cómo no habría de andar*
        vagando por la estepa?

¡Mi amigo, mulo errante,
    onagro del monte,
        pantera de la estepa;
mi amigo, Enkidú,
    mulo errante, onagro del monte,
        pantera de la estepa
—con quien, uniendo nuestras fuerzas,
        juntos, escalamos la montaña,
nos apoderamos del Toro
        y lo matamos,
10 *derrotamos a Humbaba, que moraba*
        en el Bosque de los Cedros,
y en los pasos de montaña
        matamos los leones—;
mi amigo, a quien tanto amé,
        quien conmigo pasó tantas pruebas,
Enkidú, a quien tanto amé,
        quien conmigo pasó tantas pruebas,
llegó a su fin, destino de la humanidad!
        Seis días y siete noches   *
        lloré por él,
15 y no le di sepultura
hasta que de su nariz
        cayeron los gusanos.
¡Tengo miedo de la muerte y aterrado,
        vago por la estepa!
Lo que le sucedió a mi amigo
        me sucederá a mí.

---

* A partir de aquí, en varios pasajes aparecen versos muy largos que en pasajes para-
lelos anteriores aparecían en dos o más versos. Con el objeto de conservar el ritmo, divido
cada verso largo en varios renglones.

Tomé un largo camino
     y vago por la estepa
20 ¿Cómo podría callarme yo,
     cómo guardar silen*cio?*
Mi amigo, a quien amaba,
     ha vuelto al barro;
       Enkidú, mi amigo, *a quien amaba,*
       ha vuelto al barro.
¿Acaso no habré de sucumbir yo, como él?
     ¿*Nun*ca jamás me habré yo de levantar?''
Gilgamesh prosiguió,
     hablando a Utana*píshtim:*
''*Ea* —[me dije]— *iré a Utanapíshtim el Lejano.*
     ¡He de ver a aquél de quien tanto se habla!
25 *Ron*dé por los caminos
     de todos los países,
sorteé peligros
     en las montañas,
crucé los mares
     todos.
¡Ah! Mi cara no ha gozado
     de un buen sue*ño.*
Me *he que*dado sin dormir.
     He llenado mis venas de angustia.
30 Todo esto, ¿a qué me ha llevado?. . .
     ¡Mi ropa no ha durado para llegar
     hasta la tabernera!
*He mata*do osos, hienas,
     leones, panteras,
       tigres, ciervos,
       leopardos, rebaños y manadas.

He comido su carne y me he vestido
        con sus pieles.
¡Oh, si pudiera tapar,
        con pez y con betún,
              las grietas de la puerta del do*lor!*
Para mí no hay alegría. *A* mí, desgraciado,
        me ha desgarrado [el destino]."

35   . . . .

Utanapíshtim se dirigió
        a Gilgamesh:
"¿Por qué, Gilgamesh, te has dejado
        *inva*dir *por la ansiedad,*
tú, a quien los dioses *hicieron*
        de carne divina y humana,
y a quien tratan
        como un padre y una madre?
40 ¿Por qué, Gilgamesh, te comportas
        como un insen*sato?*
¡En el consejo de los dioses
        se te dio un trono!
A un loco se le dan asientos de cerveza
        en vez de mantequilla,
o desperdicios y cebada martajada
        en vez *de pan.*
Se le viste con an*drajos*. . .
45 y por cinto se le pone
        una cuerda. . .
Porque un loco
        no está *en su juicio*. . .
ni entiende de consejos. . .

          . . . .

6' *Tú has* perdido el sueño:

¿Qué has saca*do?*

*En tus in*somnios

te has ago*tado.*

*Tus car*nes están

llenas de ansiedad.

Haces que tus días

*se a*cerquen a su fin.   129

10' La humanidad lleva por nombre

'*Como caña de cañaveral*

se quiebra'.   130

[Se quiebra] aun el joven lleno de salud,

aun la joven llena de salud.   131

. . . .

No hay quien haya

visto a la muerte.

A la muerte nadie

*le ha vis*to la cara.

15' *A la mu*erte na*die*

le ha oído la vo*z.*

Pero, cruel, quiebra la muerte

a los hombres.   *

¿Por cuánto tiempo

construimos una casa?

¿Por cuánto tiempo

sellamos los cont*ratos?*

¿Por cuánto tiempo

los hermanos comparten lo heredado?

---

* La idea es: no por ser desconocida —por no tener cara ni voz— es menos real la muerte. Tan real que quiebra a todo hombre.

20' ¿Por cuánto tiempo
        perdura el odio en la tie*rra?*
    ¿Por cuánto tiempo sube el río
        y corre su crecida?
    Las efímeras que van a la deriva
        sobre el río,   132
    [apenas] sus caras ven
        la cara del sol,
    cuando, pronto,
        no queda ya ninguna.
25' ¿No son acaso semejantes
        el que duerme y el muerto?   133
    ¿No dibujan acaso
        la imagen de la muerte?
    [En verdad,] el primer hombre
        era ya su prisionero.
    Desde que a mí me bendijeron [los dioses,]   *
        no han bendecido a nadie más.
    Los Annunaki, los grandes dioses,   **
        reunidos [en consejo]
30' —Mammetu, que crea los destinos,   ***
        con ellos los decide—,
    determinaron la muerte
        y la vida.
    Pero de la muerte
        no se ha de conocer el día.''

* Utanapíshtim se refiere a la bendición por la que los dioses le confirieron el privilegio de la inmortalidad, por lo que se añade en la traducción "los dioses", sujeto implícito en el texto acadio.
** El término *Annunaki* está usado aquí como nombre común de los dioses.
*** *Mammètu* es otra denominación de Mah, la diosa madre.

EL FRACASO

Narración de la historia del diluvio

1 Gilgamesh se dirigió
a Utanapíshtim, el Lejano:
"Yo te observo,
Utanapíshtim,
y no es tu aspecto distinto
del mío.
¡No, no somos diferentes
tú y yo!
5 Yo te imaginaba
hecho para el combate   134
[y he aquí que te encuentro]
*mu*ellemente recostado.   * 135
Cuéntame cómo te presentaste
al consejo de los dioses
para lograr la vida."

Utanapíshtim se dirigió
a Gilgamesh:
"Te revelaré, Gilgamesh,
una historia secreta,
10 te contaré [sólo] a ti
un secreto de los dioses:

* Estas observaciones, más que la extrañeza de Gilgamesh por encontrar a Utana-
píshtim igual a sí mismo, son el argumento con que inicia su petición: "Puesto que so-
mos iguales, e incluso yo te supero, ¿por qué no podría yo lograr el privilegio que tú alcan-
zaste?"

Fue en la ciudad de Shúrupak,

que [bien] conoces,   *

la que está a la orilla

del Éufrates,

ciudad antigua

donde los dioses,

los grandes dioses,

tomaron la decisión

de desatar el diluvio.   136

15 Ahí lo decidieron

Anu, padre [de los dioses,]

Enlil, su consejero,

'el Valeroso',

Ninurta,

su visir,

Ennugi,

su sirviente.

Ninsiku-Ea con ellos   **

prestó juramento,

20 pero repitió sus palabras

a la casa de carrizos: *** 137

'Carrizos, carrizos,

pared, pared,   138

escuchad, carrizos;

recuerda, pared:

---

* *Shurupak* —cuyas ruinas, cercanas a la moderna ciudad de Bagdad, en Irak, son conocidas actualmente con el nombre de Tell-Fara— fue la sede de la última dinastía antediluviana.

** *Ea*, cuyo nombre aparece aquí con uno de sus epítetos, *Ninsiku*, 'Príncipe' (cf. *EG*, p. 184), era el dios sabio por excelencia y protector de la humanidad, que le debía el don de la civilización.

*** Ea habla a las paredes de una casa de carrizos, donde Utanapíshtim lo escucha mediante un sueño revelador.

'Oh, shurupakeo,   *

    hijo de Ubartutu,

destruye tu casa,

    construye una barca.

25 Abandona las riquezas,

    busca la vida.

Aborrece los tesoros,

    mantén vivo el soplo de la vida.

Salva la semilla de los vivientes todos

    en la cala de una barca.

Una barca que tú mismo

    construirás.

Que sea su plan

    proporcionado;

30 iguales su ancho

    y su largo;

que esté cubierta,

    como el Apsu'.   **

Yo comprendí y dije

    a Ea, mi señor:

'¡Sea como lo has dicho, señor mío!

    Tu orden,

*yo la aca*taré

    y la llevaré a cabo.

35 *Pero, ¿cómo* he de responder

    a la ciudad, pueblo y ancianos?'

---

  * Ea llama a Utanapíshtim *shurupakeo* porque éste habitaba en la ciudad de Shuru-pak (cf. verso 11).

  ** El Apsu es la morada de Ea, mar de aguas dulces subterráneas, de donde deriva la imagen del arca cubierta "como el Apsu", que tenía por techo la tierra sobre la que mora-ba la humanidad.

Ea tomó la palabra
        y dijo,
dirigiéndose a mí,
        su siervo:
'Hombre, tú hablarás
        de esta manera:
«Parece ser que me aborrece
        Enlil
40   y, por lo tanto, no habitaré más
        en vuestra ciudad.»
¡No pisarán mis pies
        tierra de Enlil!
Descenderé al Apsu,
        habitaré con Ea, mi Señor.
Sobre vosotros él hará llover
        en abundancia
. . . aves,
        canastos de pescados.
45   . . . . .
        ricas cosechas:
Por la mañana,
        panes-kukku,
por la tarde, chubascos de cebada
        os lloverán'.
En la mañana, al despuntar
        el alba,
toda la gente se reunió
        en torno a mí:

* Para no atraer las iras de Enlil sobre la ciudad.

50 *los carpinteros*
       con su hacha,
   los cesteros
       con su *pie*dra;   *

       . . . .

54 los más pequeños lleva*ban*
       el betún,
55 los más pobres cargaban. . .
   los materiales.
Al quinto día monté
   el armazón.
Un IKU la superficie de la base;
       diez GAR de alto las paredes;   **
diez GAR también, cada lado
       del borde superior.   *** 139
Tracé y dibujé
       su distribución:
60 le hice poner
       seis entrepisos   140
para que tuviera
       siete [pisos.]
Dividí cada [piso]
       en nueve [compartimentos.]   141
Por dentro clavé cuñas
       para el agua.   ****

* La piedra servía a los cesteros para aplanar la palma mojada ya trenzada.
** Hipérbole propia del estilo literario de los mitos: un *IKU* equivale a 3 600 m².
Un *GAR*, a 6 m. Así, las paredes tendrían 60 metros cuadrados.
*** El arca es un cubo enorme: tanto el ancho como el largo y la altura son de 60 m².
La del Noé bíblico es más larga (150 m), pero menos ancha (25 m) y, por lo tanto, rectangular y más baja (15 m).
**** Las cuñas interiores tenían por objeto hacer que el ensamblado de los maderos

Hice provisión de pértigas
 y todo lo necesario.
65 Hice colar en el horno
 tres SAR de betún
y añadí tres SAR
 de pez;   *
llevaron los cargadores en baldes
 tres SAR de aceite;
dejando de lado un SAR que consumió
 el calafateado,   142
dos SAR de aceite
 *aho*rró el marino.
70 Para los *obre*ros
 hice matar reses
y cada día
 sacrifiqué borregos.
Hubo car*ne, cerve*za,
 aceite y vino.
Los obre*ros bebieron como si* fuera
 agua del río.
Hicieron una fiesta
 como la del Akîtu.   **

---

quedara más apretado e impidiera por lo tanto que entrara el agua, de ahí que se diga "cuñas para el agua".

 * El *SAR* equivale a 3 600 litros, es decir que se tiene 10 800 litros de betún o petróleo espeso y otro tanto de pez, un betún refinado más fluido (verso siguiente) al que se le debían añadir 3 600 litros de aceite (verso 68), cuya mezcla, calentada en el horno, era el material usado para el calafateado del barco.

 ** La fiesta del *Akitu* era la más solemne de la liturgia mesopotámica: fiesta de la "recreación", en el curso de la cual se recitaba el *Enuma-elish*, que narra la teogonía, cosmogonía y creación del hombre. El rito incluía una hierogamia por la cual el monarca, que se unía sexualmente con la hieródula, aseguraba simbólicamente la regeneración del universo

75   *Al séptimo día, al* salir el sol,
            me ungí de aceite
      ... y al caer el sol
            la barca estaba terminada.

      Como su equilibrio
            era precario   143
      se equilibró [su peso]
            por arriba y por abajo,
      hasta quedar sumergidas dos tercios
            sus paredes.
80   ... Cargué
      cuanto había
            de plata,
      *cargué cuan*to había
            de oro.
      Cargué cuanto hab*ía*
            de toda semilla de vida: *
      hice subir al barco a mi familia,
            y a la de mi esposa,
85   rebaños de la estepa,
            manadas de la estepa,
                  artesanos,
                        hice subir a todos.
      Llegó entonces el momento
            de Shamash: **

---

y de la sociedad humana. Aquí la referencia parece referirse solamente a las fiestas populares a que daba lugar la solemnidad, y que sin duda comprendían grandes banquetes y orgías.

   * Este verso acadio, que dice textualmente *eṣēnši zēr napšāti kalâma*, 'cargué la semilla de toda vida', encierra la misma idea que el versículo del Génesis: "una pareja de todo ser viviente" (como semilla de la vida).

   ** La "lluvia de cebada y panes *kukku*" es un engaño para los que quedan fuera del

'De mañana haré llover pan-ku*kku*,
        chubascos de trigo por la noche.
Entra en el barco,
        cierra tu puerta'.
¡Llegó el momento!
90 De mañana llovió pan-ku*kku*
        chubascos de trigo por la noche.
Vi yo el aspecto
        del cielo.   144
¡Su sola vista
        infundía temor!
Entré en el barco,
        cerré mi puerta.
Al que cerró la puerta [por fuera,]   *
        al marino Puzur-Enlil,
95 regalé mi palacio
        con todas sus riquezas.
De mañana, al despuntar
        el alba,
se levantó en el horizonte
        una nube negra.
En su interior
        rugía Adad.   **

---

arca y, al mismo tiempo, la señal secreta que da Shamash a Utanapíshtim de que el dilu-
vio se va a desencadenar. No queda claro por qué se atribuye la lluvia de alimentos a
Shamash... Quizá por ser la deidad solar, que desde el cielo hacía germinar los sem-
bradíos (?).
        * El engaño de Utanapíshtim llega a tal punto que regala sus riquezas al hombre
que está por morir salvándole la vida a él y con él a la humanidad. La moral de los mitos
tiene sus "registros", que no son los nuestros.
        ** Adad, dios de la tempestad.

Lo precedían
    Shullat y Hanish;   *

100 los heraldos, iban
    por montes y por valles.
Arrancó Nergal   **
    los diques
y Ninurta hizo desbordar   ***
    la presa de los Cielos.
Levantaron sus antorchas
    los .nnunaki   ****
e incendiaron la tierra
    con su fuego.

105 El silencio de muerte de Adad
    recorría el Cielo;
toda luz se tornó
    en oscuridad
y como un jarro
    se quebró la tierra.
El primer día
    sopló la tempestad.
Sopló con fuerza,
    [se desató] el diluvio.

110 Como batalla que arrasa
    pasó sobre los hombres...
No se veían los hombres

* *Shullat* y *Hanish* eran deidades menores, al servicio de Adad.
** Nergal, dios de los Infiernos.
*** La lluvia era concebida como agua que procedía de una presa en los Cielos.
Nergal, dios de los Infiernos, y Ninurta, dios guerrero, se encargan de romper sus diques,
lo que provoca el diluvio.
**** Las antorchas de los Annunaki —aquí dioses infernales maléficos— son los rayos de la tormenta.

Se aterraron los dioses
por el diluvio.
Se retiraron y subieron
al cielo de Anu.
115 Estaban echados como perros los dioses,
hechos nudo, amedrentados.
Chillaba Ishtar
como una parturienta.
La diosa Mah, la de la bella voz,   *
gemía:
'¡Oh, si pudiera volver al barro   **
aquel lejano día
en que proferí una maldición
en el consejo de los dioses!
120 ¿Cómo pude yo, en el consejo de los dioses,
proferir tal maldición?
¡Para mi propia gente decreté una batalla
de destrucción!
¿A mi gente
la habré yo dado a luz
para llenar de peces
el océano?'   ***
Los dioses Annunaki   ****
gemían con ella.

* Mammĕtu o Mammi, también llamada Nintu y Aruru, es la misma que Bēlet-ili
o Mah, la diosa madre.
** "Volver al barro", referencia a la muerte y, por extensión, a todo aniquilamien-
to. En este verso la diosa madre desea que nunca hubiera ocurrido el día en que ella par-
ticipó en el decreto que desató el diluvio.
*** Comparación que se aplica a los hombres ahogados en las aguas del diluvio.
**** En este verso, *Annunaki* designa un nombre colectivo de los dioses en general.

125 Lloraban, sentados,
    lágrimas de pena,
tapándose los labios
    abrasados de ardor.   145

    Seis días
        y siete noches
    continuó el viento,
        el diluvio, la tempestad.
        El diluvio aplanó la tierra.
    Llegado el séptimo día,
        se aplacaron la tempestad,
        el diluvio, la batalla,
130 que habían golpeado
        [cual manotazos] de parturienta.   146
    El mar se apaciguó,
        el viento Imhullu se silenció,   *
        el diluvio se acabó.
    Yo vi el mar:
        el silencio era total.
    La especie humana, toda,
        había vuelto al barro.
    [La superficie del agua] era tan plana
        como una azotea.   147
135 Abrí una escotilla y me cayó
        un aire fresco en las mejillas.
    Me arrodillé y me quedé ahí,
        llorando;

---

* *Imḫullu* es el viento tempestuoso de la destrucción.

una lágrima rodaba
en mis mejillas.
Escudriñé el mar
buscando tierra:
a unas doce dobles-leguas
había una isla.
140 En el monte Nishir
se varó el arca.
La retuvo el monte Nishir,
sin dejarla partir.
Uno y dos días retuvo así al arca
el monte Nishir;
dos y tres días retuvo así al arca
el monte Nishir;
cinco y seis días retuvo así al arca
el monte Nishir;   *
145 hasta que llegó
el séptimo día.

Saqué y solté
una paloma.
Se fue la paloma
y regresó,
pues no alcanzó tierra
en qué posarse.
Saqué y solté
una golondrina.
150 Se fue la golondrina
y regresó,

* El monte *Nishir* (actualmente llamado Pir Omar Gudrun), el más alto de Irak, se encuentra al norte de Kirkuk.

pues no alcanzó tierra
en qué posarse.
Saqué y solté
un cuervo.
Se fue el cuervo y vio
retirarse el agua,
picoteó, rascó la tierra,
alzó la cola y no volvió.
155 Hice salir a todos
a los cuatro vientos
y ofrecí un sacrificio.
Levanté un altar en la cumbre
de la montaña.
Puse siete vasos
y siete más en él.
Quemé en el brasero junco perfumado,
incienso y mirto.
Percibieron los dioses
el aroma.
160 Un buen aroma los dioses
percibieron.
y, como moscas, los dioses   148
se juntaron en torno
del sacrificador.

Así que llegó, la diosa madre,
Mah, la princesa,
levantó el collar de grandes moscas,
regalo de Anu al hacerle el amor: *

* ¿Encerrará este verso algún simbolismo que ha pasado inadvertido? ¿La nueva

'Oh, dioses, no olvidaré estas perlas
de lapislázuli de mi collar.
165   ¡Para siempre recordaré este día!
¡Jamás lo olvidaré!
Que vengan los dioses
al sacrificio,
Pero que no venga al sacrificio
Enlil,
pues injustamente
decidió el diluvio
y decretó el exterminio
de mi pueblo.'

170   Así que llegó,
Enlil
se enfureció
al ver la barca.
Lleno de ira
contra los Igigi: *
'¡Alguien, pues, salió con vida!
¡No debía hombre alguno
sobrevivir al exterminio!'

Ninurta tomó la palabra y dijo
al valeroso Enlil:
175   '¿Quién, sino Ea, podría
idear tal cosa?

Creación, tras el diluvio, no sería concebida como una consecuencia del acto sexual de Anu
con la diosa madre, Mah? Es arriesgado sostenerlo, pues no hay ninguna mención de ello
en los muchos mitos conocidos, pero parece sugerirlo este pasaje.
  * Dioses celestes, en contraposición a los Annunaki, dioses infernales.

Sólo Ea sabría
cómo hacerlo.'

Ea tomó la palabra y dijo,
dirigiéndose a Enlil:
'Tú, sabio entre los dioses,
el Valeroso,
¿cómo no pediste consejo
para imponer el diluvio?
180 Impón al culpable una pena,
impón un castigo al criminal.
Perdona, no destruyas,
sé generoso. . .
En vez de decretar el diluvio,
hubieran surgido leones
que redujeran el número de gente.
En vez de decretar el diluvio,
hubieran surgido lobos
que redujeran el número de gente.
En vez de decretar el diluvio,
hubiera habido una hambruna
para debilitar al país.
185 En vez de decretar el diluvio,
hubiera surgido una epidemia
que azotara al país.
Yo no develé el secreto
de los grandes dioses;
yo sólo induje un sueño a Atráhasis,   *
y él oyó el secreto de los dioses.

* *Atráhasis* significa 'el más sabio', sobrenombre de Utanapíshtim y título del mito

Ahora, tomad en consejo
una decisión.'

Subió Enlil
al interior del arca
190 y, tomando mi mano,
me hizo subir;
me hizo subir y arrodillarme,
con mi esposa a mi lado.
Y, tocando nuestra frente,
se puso entre nosotros
y nos bendijo:
'Hasta hoy Utanapíshtim
pertenecía a la especie humana.
Ahora Utanapíshtim y su esposa
a nosotros, los dioses,
se asemejen.
195 Que more Utanapíshtim
en la lejanía,
a la boca de los ríos'.   *
Y así nos llevó a la lejanía,
a la boca de los ríos.

La prueba del sueño

Pero ahora, para ti,
¿quién reunirá a los dioses

---

babilonio sobre la creación de la humanidad y el diluvio.
    * Según este verso, el Océano parece alimentado por dos ríos en el extremo del
mundo, a la orilla de los cuales habría de ir a vivir Utanapíshtim con su esposa.

para que puedas encontrar
          la vida que tú buscas?
¡Veamos! No duermas   149
          durante seis días y siete noches.''   *

200   Apenas sentado en cuclillas,
          a Gilgamesh,
como una bruma, el sueño
          lo invadió.
Utanapíshtim se dirigió
          a su esposa: 150
"Mira al hombre que desea
          la vida;
como niebla, el sueño
          lo invadió.''
205   La esposa se dirigió
          a Utanapíshtim:
"Toca a ese hombre
          para que despierte;
que tome su camino
          y que se vaya en paz.
Que salga por la gran puerta
          y regrese a su país.''
Utanapíshtim se dirigió
          a su esposa:
210   "¡Cómo es débil   151
          la inconstante humanidad!   * *

* El inicio de cada jornada era en la tarde, a la caída del sol —como lo era para los hebreos y lo es aún en las celebraciones rituales de los judíos—, razón por la cual, al completarse siete noches, sólo han transcurrido seis días.

* * Utanapíshtim no acepta la proposición de su esposa y prefiere llevar la prueba

¡Anda! Hornea su pan,
ponlo a su cabecera
y marca en la pared
los días que duerma."
Horneó ella su pan y lo puso
a su cabecera
y marcó en la pared
los días que durmió.
215 Su primer pan estaba
completamente duro;
el segundo, descompuesto;
el tercero, enmohecido;
el cuarto tenía blanquizca la costra;
el quinto empezaba a cambiar de color;
el sexto estaba algo pasado;
el séptimo estaba a punto,
cuando tocó al hombre para despertarlo.

Gilgamesh se dirigió
a Utanapíshtim, el Lejano:
220 "Apenas me entró
el sueño
y tú, ¿tan pronto me tocas
para levantarme?"
Utanapíshtim se dirigió
a Gilgamesh:
"¡Vamos! Cuenta, Gilgamesh.
Cuenta tus panes.

___

del sueño hasta el extremo para mostrarle a Gilgamesh, por medio del aspecto de los panes
horneados para él cada día, el tiempo que había dormido.

Te he de comprobar los días
        que tú dormiste.
225 Tu primer pan estaba
        completamente duro;
el segundo, descompuesto;
      el tercero, enmohecido;
        el cuarto tenía blanquizca la costra
el quinto empezaba a cambiar de color;
        el sexto estaba algo pasado;
el séptimo estaba a punto
        cuando te toqué y tú despertaste.''

Gilgamesh se dirigió
        a Utanapíshtim, el Lejano:
230 ''¿Que haré, Utanapíshtim,
        adónde iré?
El demonio-Ekimmu ha tomado   *
        posesión de mí.
En mi mismo lecho
        yace la muerte
y donde pongo mis pies
        ahí está la muerte.''

Utanapíshtim se dirigió
        a Urshanabí:
235 ''Que no tengas ya, Urshanabí,
        dicha en el muelle,
        y que el paso del Océano te deteste.

---

* *Ekimmu* es un demonio que tiene relación con la muerte.

De la rivera que frecuentabas
    seas privado.

A este hombre, delante de quien viniste
    —cubierto de pelo el cuerpo,
y con pieles que a sus carnes
    le han quitado dignidad—,
tómalo, Urshanabí,
    llévalo al baño.
240 Que lave y deje puro
    su cabello;
que se quite sus pieles y las arroje al mar;
    que cambie de color su hermoso cuerpo;
que renueve los turbantes
    de su cabeza;
que se vista de un ropaje
    conforme a su dignidad.
Hasta que
    se vaya a su país,
245 hasta que
    llegue al fin de su camino,
que no se manche, antes bien,
    que renueve sus vestidos.''   *

Lo tomó Urshanabí y lo llevó
    al baño.
Se lavó y dejó puro
    su cabello.

---

* Quizá la intención del poeta al imaginar la necesidad del baño de Gilgamesh es explicar por qué en su camino de regreso a Uruk tomaría un baño en una poza donde habría de perder la planta de la juventud.

Se quitó sus pieles;
las arrojó al mar.
250 Cambió su hermoso cuerpo
de color.
Renovó los turbantes
de su cabeza.
Revistió un ropaje
conforme a su dignidad.
Hasta que se fue
a su país,
hasta llegar
al fin de su camino,
255 renovó y mantuvo sin mancha
sus vestidos.
Gilgamesh y Urshanabí
se embarcaron.
Subieron
a la barca-Magillu.   *

La planta de la juventud

Su esposa se dirigió
a Utanapíshtim:
"Vino Gilgamesh,
se cansó, se esforzó.
260 ¿Qué le darás para que vuelva
a su país?"   **

* *Magillu* representa un tipo de barca que no se sabe a qué corresponde.
** Cuando toda esperanza parecía ya perdida, la esposa de Utanapíshtim se compa-

Entonces, él, Gilgamesh,
> levantó la pértiga
y acercó *la barca*
> a *la orilla.*

Utanapíshtim se *dirigió*
> a *Gilgamesh:*
"Gilgamesh, viniste, te cansaste,
> te esforzaste.
265 ¿Qué habré de darte para que vuelvas
> a tu país?
Te revelaré, Gilgamesh,
> un misterio
y te *diré el* se*creto*
> de los dioses:
Hay una planta cuya ra*íz es*
> como la del espi*no.*
Como púas
> del rosal te pun*zará.*
270 Pero si tu mano se apodera de esa planta,
> *rejuvenecerás."*

Al oír esto, Gilgamesh
> abrió un agu*jero;*
ató *a sus pies*
> pesadas piedras
que lo llevaron al fondo del Apsu,   *
> y vio la planta.

---

dece finalmente. Gilgamesh ya había zarpado, lo que aumenta la intensidad dramática del episodio.

> * El *Apsu* es el abismo de aguas subterráneas, donde mora Ea, dios de la sabiduría.

Arrancó la planta
  y se es*pinó la mano.*
275 Cortó las pesadas piedras
  de sus pies
y el mar
  lo arrojó a la orilla.   *

Gilgamesh se dirigió
  a Urshanabí:
"¡Urshanabí, esta planta
  es la planta que quita la ansiedad 152
porque devuelve el vigor
  al hombre que la toma!   **
280 La llevaré a Uruk-el-Redil, la haré comer
  y así la probaré.
'Rejuvenece-el-hombre-viejo'
  será su nombre.
¡La tomaré yo
  y volveré a mi juventud!"

A las veinte dobles-leguas
  compartieron sus provisiones,
a las treinta dobles-leguas
  plantaron su campamento.
285 Vio Gilgamesh una poza
  de aguas frescas.

---

* Aquí, a la luz del verso 273, en que se lee que Gilgamesh descendió al Apsu, se entiende que se trata del mar de aguas dulces subterráneas.
** Se trata por lo tanto no de una planta que da la vida sin fin, sino de la planta de la juventud.

Bajó hacia ella y en sus aguas
se bañaba
cuando la Serpiente percibió el aroma   *
de la planta.
Subió call*adamente*
y se llevó la planta.
Al partir, dejó
su piel.   **

290   Entonces Gilgamesh
se sentó a llorar.
Por sus mejillas
corrían las lágrimas.
[Tomó la mano]
de Urshanabí, el barquero:
"¿*Para* quién, Urshanabí,
se fatigaron mis brazos?
¿Para quién se derramó la sangre
de mi corazón?
295   No encontré la felicidad
para mí mismo.
Para el León de la Tierra   ***
logré la felicidad.
La profundidad del mar es
de veinte dobles-leguas;   153
perdí las herramientas. . .
cuando excavé el hoyo.

* Mito etiológico: *la Serpiente* (con mayúscula) es la serpiente primordial.
** En numerosas culturas el cambio de piel de la serpiente ha suscitado la idea de que rejuvenece constantemente. El episodio aquí narrado pretende explicar "por los orígenes" una realidad del mundo.
*** El *León de la Tierra* se refiere aquí a la Serpiente.

¿Qué señas podría tener, [si yo volviera?]
    Me he alejado mucho
300   y la barca
    se quedó en la orilla.

El retorno a Uruk

A las veinte dobles-leguas
    compartieron sus raciones.
    A las treinta dobles-leguas
    pusieron su campamento.
Gilgamesh se dirigió
    a Urshanabí:
"Sube y pasea sobre los muros
    de Uruk-el-Redil.   *
Mira sus cimientos.
    Considera su estructura.
        ¿No son acaso cocidos sus ladrillos?
305   ¿No habrán echado
    sus fundamentos
        los Siete Sabios?
Un SAR mide la ciudad;
    un SAR, sus huertos; un SAR,
        el solar del templo de Ishtar.
¡Tres SAR abarca
    el dominio de Uruk!

* El final del poema nos muestra a Gilgamesh resignado (Tablilla I, col. i, 7); las pala-
bras que el poeta pone en su boca están tomadas de la introducción (Tablilla I, col. i, 11-21).
Una vez más encontramos a Gilgamesh cambiado. Se presenta a Urshanabí como el monar-
ca de Uruk, cuyas murallas él mismo hace contemplar a su acompañante y testigo de sus
mayores desventuras, como si reconociera que no habría de perdurar su nombre sino gra-
cias a su obra material.

APÉNDICE

٭

UNA VISIÓN DEL MUNDO DE LOS MUERTOS

Gilgamesh pierde las insignias de su realeza
y Enkidú intenta recuperarlas

Tablilla XII   154

1   "¡Oh! Si el pukku se hubiera quedado   *
en casa del carpintero,
la mujer del carpintero como su madre
lo hubiera cuidado,
la hija del carpintero como su hermana menor
lo hubiera cuidado.
Ahora —¡ay!— se me cayó el pukku
al Infierno,   **
5   se me cayó el mekku
al Infierno."

---

* El *pukku* y el *mekku* son dos objetos misteriosos, anteriormente interpretados como un tambor y una baqueta, o bien como pelota y bastón. Eran probablemente insignias del poder real (como la esfera y el cetro de los reyes occidentales). En algunas obras plásticas un dios parece entregar al rey un aro y una vara (Shamash a Hammurabi de Babilonia; Ishtar a Zimri-Lim de Mari). En el caso de Gilgamesh, *pukku* y *mekku*, por ser don de Ishtar, la diosa del amor, tendrían en su simbolismo alguna connotación sexual, puesto que el rey debía asegurar la regeneración de la sociedad humana año con año.

** *Infierno* (con mayúscula porque está personificado en los versos siguientes) en el sentido de la palabra latina correspondiente, *Infernum*, el 'inframundo', morada de los muertos. Al caer al Infierno el *pukku* y el *mekku*, pierde Gilgamesh su atributo de rey regenerador y por lo tanto pone en riesgo su poder político-religioso.

187

Enkidú *replicó*
   a Gilgamesh: *

"¿Mi Señor, por qué te quejas?
   ¿Por qué está triste tu corazón?
Ahora *sa*caré el pukku
   del Infierno,
*sa*caré el mekku
   del Infierno."

10 Gilgamesh *respondió*   **
     a Enkidú:
"Si *bajas*   155
   al Infierno,
has de respetar
   mis instrucciones:
no revistas
   ropa limpia,
[los espíritus de los muertos]   156
   *te reco*nocerían como extraño;
15 con aceite de frasco fino
   no te unjas,
que, a su aroma, en torno a ti
   se juntarían;

---

* El tratamiento que da Enkidú a Gilgamesh, a quien se dirige como "mi Señor", tomado del poema sumerio del que esta tablilla es traducción, difiere de la forma en que se presenta en el resto del poema acadio, donde no se dirige a él como siervo sino como amigo e incluso como hermano.

** En el poema sumerio, la muerte de Enkidú ocurre justamente al descender al Infierno sin tener cuidado de respetar los tabúes que Gilgamesh enumera (versos 11 al 30). Este pasaje, intercalado en el poema acadio, resulta por lo tanto incoherente: Enkidú se supone ya muerto y, sin embargo, en los versos que siguen su descenso al Infierno será explicado como causa de su muerte (verso 50).

no lances la honda
en el Infierno,
los golpeados por la honda
te rodearían;
no alces el garrote
en el Infierno,
20 los fantasmas
se espantarían;
No te calces sandalias
en los pies,
ni levantes la voz
en el Infierno.
No beses a tu esposa
que amas
ni golpees a tu esposa
que detestas;
25 no beses a tu hija
que amas,
ni golpees a tu hija
que detestas,
que te atraparían
las protestas
de la que duerme, la que duerme,
de la Madre Ninazu, la que duerme,   *
sin cubrir con un vestido
su espalda pura,
30 *sin adorno* su pecho,
como taza desnuda.''

---

* La *Madre Ninazu* no es otra sino Ereshkigal, la diosa del Infierno.

Pero él no respetó
        las instrucciones de su amo.
*Revi*stió
        ropa limpia:
*lo recono*cieron
        como ex*traño.*
Con aceite *de frasco fino*
        *se un*gió:
35   a su aroma, *en torno a él,*
        *se jun*taron.
Lanzó la honda
        en *el Infierno:*
los golpeados por la honda
        *lo ro*dearon.
Levantó el garrote
        en la ma*no:*
los espectros
        *se espan*taron.
40   *Se calzó* con sandalias
        los pies.
Levantó la voz
        en el Infierno.
Besó a la esposa
        que amaba,
*golpeó a la esp*osa
        que de*testaba,*
besó a la hija
        que ama*ba,*
45   golpe*ó a la h*ija
        que de*testaba:*

lo atraparon

las protestas del Infierno,

de la que duerme, *de la que duer*me,

de la madre Ninazu, la que duer*me*

sin cubrir con un vestido

su espal*da p*ura,

sin adorno *su* pecho,

*co*mo taza desnuda.

50 Por eso *no dejó el Infierno subir*

a Enkidú.

No fue Namtar quien lo raptó,

ni fue Asakku quien lo raptó.   *

¡Fue el Infierno quien lo raptó!

No fue Rabisu de Nergal,   **

el despiadado, quien lo raptó.

¡Fue el Infierno quien lo raptó!

En el campo de batalla de los valientes no cayó.

¡Fue el Infierno quien lo raptó!

Entonces Gilgamesh, hijo de Ninsún, lloró

por su siervo Enkidú.

55 Al Ekur, templo de Enlil,   ***

se fue él solo:

---

* *Namtar* y *Assaku* son demonios maléficos, personificación de la peste y las enfermedades.

** El *Rabisu* (*rābiṣu* significa 'que está en cuclillas', como siervo que es de Nergal, dios de los Infiernos, esposo de Ereshkigal) es también un demonio que tiene relación con la muerte.

*** Otra diferencia importante de la Tablilla XII respecto del resto del poema que recogen las otras once tablillas es el hecho de que no parece haber ningún recelo especial de parte de Enlil, quien, aunque no da oído a la petición de Gilgamesh, no parece guardarle ninguna animadversión.

"Padre Enlil, mi pukku se cayó
         al Infierno,
mi mekku se cayó
         al infierno.
A Enkidú, que bajó a recuperar*lo*,
         lo raptó el Infierno.
No fue Namtar quien lo raptó,
         ni fue Asakku quien lo raptó.
                  ¡Fue el Infierno quien lo raptó!
60 No fue Rabisu de Nergal,
         el despiadado, quien lo raptó.
                  ¡Fue el Infierno quien lo raptó!
En el campo de batalla de los valientes no cayó.
                  ¡Fue el Infierno quien lo raptó!"

El padre Enlil no *le dio re*spuesta.
         Se dirigió entonces solo hacia Sin: *
"Padre Sin, mi pukku se me cayó
         al Infierno,
mi mekku se me cayó
         al Infierno.
65 A Enkidú, que *ba*jó a recuperar*lo*,
         el Infierno lo raptó.
No fue Namtar quien lo raptó,
         ni fue *Asak*ku quien lo raptó.
                  ¡Fue el Infierno quien lo raptó!
Ni fue Rabisu de Nergal,
         el d*espiadado, quien lo raptó.*
                  ¡Fue el Infierno quien lo raptó!

* *Sin* es la deidad lunar.

En el campo *de batalla de los valientes* no cayó.

¡Fue el Infierno quien lo raptó!"

El padre Sin no le dio respuesta.

Se dirigió entonces hacia Ea:

70   *"Padre Ea, mi pukku se me cayó*

al Infierno,

mi mekku se me cayó

al Infierno.

A Enkidú, que bajó a recuperarlo,

el Infierno lo raptó.

No fue Nam*tar quien lo raptó.*

ni fue Asakku quien lo raptó.

¡Fue el Infierno quien lo raptó!

No fue Rabisu de Nergal,

el despiada*do, quien lo raptó.*

¡Fue el Infierno quien lo raptó!

75   En el campo de batalla de los va*lientes no cayó.*

¡Fue el Infierno quien lo raptó!"

Revelación de Enkidú sobre el Infierno

El padre Ea *le dio respuesta.*

Dijo a Nergal,

el valiente y pode*roso:*

"Valiente varón,

mi servidor Nergal,

abre ahora

un orificio:

---

* Ea se muestra aquí, una vez más, como un dios bueno e ingenioso.

80   *que salga del Infierno*
      el fantasma de *Enkidú,*
   que informe a *su* hermano
      sobre las reglas del Infierno.''   *

El valiente varón,
      Nergal, *obedeció.*
Abrió el orificio
      del Infierno;
el fantasma de Enkidú salió,
      como un soplo, del Infierno.
85   Se abrazaron y se besaron
      y suspirando discutieron:

"Dime, amigo mío, dime, amigo mío,
dime las condiciones que has visto
      en el Infierno."

"No te lo diré, amigo mío,
      no te lo diré.
90   Si te digo las reglas del Infierno
      que he visto,
te sentarás a llorar."

      "Me sentaré, pues, a llorar."

*"Mi cue*rpo, que tu corazón se complacía
      en acariciar,

---

* Éste es el principal interés de Gilgamesh en esta versión y la razón de su inclusión como colofón del poema épico: la revelación de las condiciones de "vida" de los moradores del mundo de ultratumba.

*como ve*stido viejo
lo comen los gusanos.
95 *Mi cuerpo, que* tu corazón se complacía
*en aca*riciar,
como grietas de la tierra
está lleno de polvo.''

''¡Ay de mí!'', dijo [Gilgamesh,]
y se echó al pol*v*o.
''¡Ay de mí!'', dijo,
y se echó al pol*v*o.
*''Al que tuvo un hijo, ¿lo has vis*to tú?''   *
''Sí, lo he visto:
100 ... *Delante del cla*v*o amargamente* llora.''   **
*''Al que tuvo dos hijos, ¿lo has v*isto tú?''
''Sí, lo he visto:
... Ése come pan.''
''Al que tuvo tres hijos, ¿lo has visto tú?''
''Sí, lo he visto:
... Ése bebe agua.''
105 *''Al que tuvo cuatro hijos, ¿lo has vis*to tú?''
''Sí, lo he visto:
... *Por su y*unta *de cuatro mulas*
se le alegra el corazón.''
*''Al que tuvo cinco hijos, ¿lo has v*isto tú?''
''Sí, lo he visto:

---

* Según el número de hijos, las condiciones del difunto son más o menos llevade-
ras, si no agradables: mientras más hijos tenga el difunto, más personas se ocuparán de los
ritos funerarios en su favor.
** Quizá un clavo de barro con el nombre del difunto, semejante a los que se usaban
para inscribir hechos memorables, como la construcción de un templo.

...*Como un* buen *escriba* diligente 158
tiene abiertas las puertas del palacio."
"*Al que tuvo seis hijos, ¿lo has visto tú?*"
"Sí, lo he visto:
110   *Como el del labrador,*
tiene alegre el corazón."

. . . .

145   "*Al que golpeó* un mástil, ¿lo has visto tú?"   *
"*Sí, lo he visto:*
Grita a su madre
que lo arranque de la pi*ca.*"   **
"Al que murió de muerte prematu*ra,*
¿lo has vis*to tú?*"
"*Sí, lo he visto:*
En su lecho nocturno reposa
y bebe aguas puras."   ***
"Al que murió en la batalla, ¿lo has visto tú?"   ****
"Sí, lo he vis*to:*

* La lógica de las consecuencias que tienen las circunstancias de la muerte se nos escapa. Sin embargo, se puede pensar que el hecho de ser golpeado por un mástil supone que la muerte ocurrió en un naufragio y, por lo tanto, la suerte nefasta que espera a estos difuntos se explica quizá por el hecho de que sus cuerpos, al no ser sepultados, no pueden ser objeto de los rituales funerarios.

** En este verso la pica de la que cuelga el cadáver en el Infierno se podría explicar por su relación con el mástil cuyo golpe causó la muerte del difunto. Aquí Bottéro introduce versos de la versión sumeria, cuyo orden parece más lógico. Lo sigo en esto.

*** No deja de llamar la atención la creencia popular que parece reflejarse en este verso —compartida, hasta la fecha, por mucha gente—: a quien muere niño le espera un destino feliz en la otra vida. En México se llama "angelito" al niño muerto.

**** Los últimos casos son más explicables de acuerdo con la mentalidad de esa cultura: el que muere en una batalla tuvo una muerte heroica y merece, por lo tanto, una vida mejor en el inframundo, mientras que el que muere en el desierto queda privado de los ritos funerarios, por lo que su suerte será vagar sin descanso, mientras que aquel que no tiene quien por él vea será la de comer, no los platillos de los banquetes funerarios sino las sobras y lo que es arrojado a la calle.

150 Su padre y su madre lo honran
　　　　y su esposa *lo llora.*"
"A aquél cuyo cadáver yace en la estepa,
　　　　¿lo has visto tú?"
"Sí, lo he visto:
No tiene su alma descanso en la tierra."

"A aquél que no tiene quien vea por su alma,
　　　　¿lo has visto tú?"
　　　"Sí, lo he visto:
155 Come las sobras de las cazuelas,
　　　　las migajas arrojadas a la calle."

NOTAS

1. Este primer verso del preámbulo original de la obra anuncia aquello que, según el poeta, distingue a Gilgamesh de todos los hombres: Gilgamesh fue el único hombre *que penetró* (literalmente 'vio', *īmuru*), el *nagba*: las fuentes que brotan del *Apsû*, 'abismo' de las aguas subterráneas, morada de Ea (*Apsû*, con mayúscula, como nombre propio de esa morada mítica), el dios de la sabiduría por excelencia: en algunos textos Ea es calificado con el epíteto *bêl apsî u nagbi*, 'señor del Apsû y del nagbu', o sencillamente *bêl nagbi* (cfr. *CAD* N-I, sub nagbu A/2)/c). El término *nagbu* ha sido traducido generalmente por 'todo o la totalidad', otra de sus connotaciones (*CAD*, N/I, 108). Sin embargo, se puede justificar la opción de tomar *nagba* con su significado de 'abismo' (como lo propuso A.L. Oppenheim en *MM*, p. 17, y lo admite el mismo gran diccionario acadio *CAD* en el artículo dedicado al verbo *amaru*, 'ver': cfr. *A/II, 7b, meaning 1-3*) si se acepta que el *Apsû* en el que Gilgamesh se sumerge en busca de la planta de la juventud (Tablilla XI, verso 273) es el 'abismo, morada de Ea', y no simplemente el mar. Quienes me han precedido en la traducción directa de Gilgamesh a todas las otras lenguas e, incluso, las ediciones aparecidas en español traducidas de lenguas occidentales, han preferido traducir *nagba* por 'todo, todas las cosas, la totalidad', por pensar que el preámbulo del poema es como un anuncio de que el héroe habría de recorrer el mundo, tierras y mares, para llegar hasta donde el Noé babilonio, Utanapíshtim, le revela la historia del diluvio. Sin embargo, tomando en cuenta que la historia del diluvio es una interpolación que pasó tardíamente a la versión *estándar* (cfr. Introducción, p. 27) y sobre todo teniendo en cuenta que en realidad el gran tema del poema acadio es 'la angustia por la muerte', el clímax temático del poema no es la historia del diluvio sino la obtención de la planta de la juventud, de la que Gilgamesh se apodera abriendo un hoyo en la tierra y penetrando en el *Apsû* (Tablilla XI, versos 271-274). Expongo más amplia y técnicamente este punto de vista en un artículo aparecido en una revista británica especializada (Iraq 60, p. 119-221). El fragmento recientemente encon-

trado que completa felizmente el segundo hemistiquio del poema, en el que se lee: *išdī māti*, 'fundamentos de la tierra', viene a confirmar mi hipótesis, puesto que esa aposición se adecua mejor al contexto si se refiere a *nagba-Apsû* que no a *Gilgamesh*, puesto que en la visión cosmológica de los mesopotamios, la tierra era como una especie de isla que reposaba sobre el *Apsû*, el cual de esa forma era como la base del mundo (léase al respecto el prefacio de esta cuarta edición). Por otra parte, no está por demás hacer notar que morfológicamente *išdī māti*, de acuerdo con las reglas de la gramática acadia, concuerda con el complemento de la oración relativa del primer hemistiquio *nagba* y, en cambio, no se puede aplicar al sujeto de la oración relativa anterior (Gilgamesh, mencionado por el pronombre *ša*, en cuyo caso la terminación debería ser *išdū*).

2. La tierra, de acuerdo con la idea que los mesopotamios se hacían del cosmos, era una especie de isla que reposaba sobre un mar subterráneo de aguas dulces, fuente de vida y morada del dios de la sabiduría, Ea; de ahí que fuera posible afirmar que la tierra tenía su 'fundamento' (en acadio en plural: 'fundamentos') en ese 'abismo'.

3. El inicio de esta línea está roto; de la palabra que falta sólo se conoce un signo, '*ti*', que podría ser el final de la palabra *tamâti*, 'mares', entendido éste en sentido amplio como una gran masa de agua, como un paralelo al 'abismo' del primer verso.

4. Lo excepcional de la sabiduría de Gilgamesh consistió justamente en haber conocido, haber "visto con sus propios ojos" la morada del dios sabio por excelencia, Ea. El nuevo fragmento repite los dos primeros versos, pero en la segunda repetición —verso 4— todo el primer hemistiquio está roto. ¿No podría en él hallarse perdido un paralelismo a *nagba-abismo* del primer verso, que podría ser *Apsû*, nombre específico de la morada de Ea? ¡Hipótesis arriesgada! Improbable, pero no imposible.

En el clímax del poema se afirma que el Noé babilonio, Utanapíshtim, reveló a Gilgamesh el "secreto de los dioses", por lo que se afirma aquí que conoció todo.

5. En el mismo pasaje del culmen literario del poema se afirma que Gilgamesh penetró en el 'abismo', el *Apsû*, de cuyo fondo extrajo la planta de la perenne juventud (tablilla XI, verso 273).

6. El término *katimti*, complemento del verbo abrir, significa 'regiones ocultas', pero concretamente aparece en algunos contextos en estrecha relación con "las profundidades de las aguas subterráneas", lo que refuerza la idea general de este pasaje fundamental.

7. Literalmente, "quien trajo los informes del diluvio", referencia al tema de la primera parte de la Tablilla XI, en la cual Utanapíshtim, el Noé

babilonio, narra a Gilgamesh la historia del diluvio. Esto haría pensar que fue nuestro héroe quien rescató ese "secreto", aun cuando en realidad la historia del diluvio, que había sido originalmente objeto de un mito sumerio independiente, fue incluida en el mito acadio conocido como *Atrábasis* y sólo posteriormente añadida al poema épico acadio en su versión estándar.

8. Una de las intenciones del autor de este Preámbulo de la versión estándar del poema parece ser la de dar a la leyenda visos de historicidad. Ni la estela de piedra ni la caja de cobre que contenía la historia de Gilgamesh (versos 22-25) existieron jamás: antes de llegar a su forma escrita, el poema fue transmitido de generación en generación por tradición oral. La restauración de templos atribuida a Gilgamesh (verso 41), en cambio, así como la construcción de las murallas de Uruk, tema de los versos siguientes, pueden haber tenido alguna vez un fundamento histórico más sólido; su mención en esta parte del Preámbulo responde al mismo propósito historicista.

9. El final de este verso ha sido muy discutido. Por una parte, no se entiende por qué parecerían... ¿brillar?... como bronce los muros de Uruk, a menos que por su solidez evocaran la firmeza de una obra metálica. Pero, por otra parte, los dos últimos signos, *NI.IB.* [...], no tienen explicación satisfactoria. Basándose en un texto sumerio en que se atribuye a los muros de Uruk la curiosa metáfora de "red de pájaro" (Wilcke, *Lugalbanda*, p. 206, n. 1, corrige la lectura *qí-i NI.IP*, por *qí-i iṣ-ṣu-[ri]*, 'red de pájaro'), Bottéro traduce: *(serrés) comme un filet à oiseau*, es decir, "(apretados) como red de pájaros". En uno y otro caso el significado de la comparación no deja de ser extraño, pero la traducción tradicional ("como de bronce") tiene la ventaja de permitir una lectura más fluida, al dejar que el lector pase por este verso sin inquietarse mayormente.

10. Los muros de Uruk, tal como han sido descubiertos por los arqueólogos contemporáneos, no son sino de adobes. Por sus dimensiones, su apariencia debe haber sido asombrosa para los antiguos habitantes de la Mesopotamia, quienes, por otra parte, reconocían la antigüedad de la ciudad. Una disculpa para el poeta podría ser que en sus tiempos las murallas estuvieran recubiertas y pintadas, lo que haría creer que su interior era de un material más resistente y noble.

11. Dada la costumbre de designar una obra literaria por su verso inicial, este verso debe haber sido el primero de la versión paleobabilónica, puesto que esa versión era llamada *Šūtur eli šarrī*, "Superior a (todos) los reyes".

12. Entre las dinastías que ejercieron la hegemonía política sobre el país de Sumer, según la tradición transmitida por el texto conocido

como *La lista real sumeria*, inmediatamente después de la dinastía de Kish, que fue la primera posterior al diluvio, figura la de Uruk. Gilgamesh, según la tradición conservada en ese documento, es un sacerdote de Kullab, barrio de Uruk, hijo de un desconocido. El famoso héroe Lugalbanda, según ese mismo texto, fue su predecesor, pero no su padre. En este caso, Gilgamesh puede no haber sido descendiente carnal de sus célebres predecesores. Sea de ello lo que fuere, la intención del autor del poema acadio es la de atribuirle la más noble prosapia humana, por su filiación con Lugalbanda (considerado semidivino: su nombre aparece presidido por el determinativo propio de los nombres de los dioses, originalmente una estrella en el sistema primitivo de escritura sumeria) y también, según el verso siguiente, por una ascendencia divina del lado materno.

13. Ninsún aparece como la esposa de Ningizzida en las inscripciones de Gudea. M. G. Kovacs consigna (*The Epic of Gilgamesh*, Stanford University Press, Stanford, 1989, p. 113) que Ninsún es considerada en la literatura sumeria como quien da a luz a los reyes, lo que hace pensar que el epíteto de "Vaca Excelsa" (metáfora que seguramente se refería al hecho de ser procreadora de reyes) constituía un atributo general que, con el paso del tiempo, se le aplicó de una manera especial, por considerarse que Gilgamesh era hijo suyo.

14. Puesto que ha llegado hasta nosotros una inscripción célebre del santuario Tummal, en la que aparece Gilgamesh como uno de sus reconstructores, no es imposible que esta mención se refiera a éste y a otros santuarios cuya reconstrucción haya sido atribuida a Gilgamesh.

15. Literalmente, "dentro del redil de Uruk camina constantemente". En función del contexto del pasaje que sigue, traduzco libremente: "se pavonea".

16. El *pukku* es un misterioso objeto de madera (¿un tambor, una pelota, o bien un aro, símbolo de la realeza?). En la Tablilla XII (adaptación del poema sumerio *Enkidú en los Infiernos*) dice Gilgamesh que el *pukku* se le ha perdido. Si se acepta la traducción de *ina pukki* por "con el tambor", habría que traducir entonces "al (llamado de) su tambor". Es más difícil encontrar una traducción de *pukku* si se interpreta como un aro, pelota, o cualquier otro tipo de objeto redondo y compacto, pues no se entiende de qué manera tiranizaría Gilgamesh a los hombres de Uruk con él. No obstante, puesto que los sumerólogos actualmente se inclinan por rechazar la traducción de *pukku* por 'tambor', he optado por dejarlo en su forma acadia. En todo caso, lo que se entiende es que los hombres de Uruk, los reclutas, aun en sus habitaciones (verso siguiente) debían estar permanentemente listos para la lucha. La traducción libre

"sin descanso" tiene por objeto evocar el sentido intensivo del verbo *utaddarū* ('están aterrados') de la siguiente línea, cuya idea, a mi modo de ver, afecta todo el párrafo.

17. Los tres adjetivos usados en este verso —*gašru, šūpû, mudû*; es decir, 'poderoso', 'prestigioso', 'conocido'—, puesto que son empleados en una pregunta irónica, se pueden traducir con matices más negativos: *gašru* por 'prepotente', *šupû* por 'altivo' y *mudû*, el hombre conocido, célebre, por 'arrogante' (en el sentido de que su superioridad lo hace notable).

18. En el verso 12 se dice que Gilgamesh no deja hijo a su padre, lo que se ha de entender en el sentido de que lo arrebata para llevarlo a la guerra. En el verso 16, el objeto de la codicia del tirano son las jóvenes doncellas. A la luz de lo que se afirma en la versión paleobabilónica —(*Tablilla de Pensilvania*, col. iv, versos 32-34): "él desflora a la esposa prometida,/ primero él,/ después el marido"—, es de suponerse que gozaba del *jus primae noctis*, o, dicho más crudamente, del "derecho de pernada". Este verso, más vago, sugiere quizá que Gilgamesh iba aún más lejos, abusando a su capricho de las jóvenes (cf. *EGE*, p. 183-184). La restitución del complemento indirecto, "a su madre", parece lógica si se toma como un paralelismo del verso 57, donde se lee que arrebata los jóvenes a sus padres.

19. Aruru crea el *zikiršu*, término que puede significar 'su palabra', 'su verbo' (de Anu, se entiende, de acuerdo con el verso 78), pensamiento interno y expresión verbal, de modo que lo que sigue sería la descripción de esa idea de Anu. Opto por la traducción "una *creatura*", que, por ser un derivado de *crear*, puede sugerir que ese ser fue el resultado especial de una concepción divina.

20. La mención de la creación a partir del barro —la misma del Capítulo II del *Génesis*—, bastante fugaz en este verso, se encuentra plenamente desarrollada en el mito conocido con el nombre de *Atráhasis*, donde la misma Diosa-Madre, Aruru (aunque en el *Atráhasis* se presenta bajo el título de Nintu, "la Dama"), modeló con barro, mezclado con la sangre y el cuerpo del dios Wê sacrificado, el cuerpo del primer hombre, sobre el que sopló para darle el aliento de la vida (*Atráhasis*, Tablilla I, col. iv). El pedazo de barro que la diosa arroja a la estepa es el cuerpo de Enkidú por ella modelado.

21. El término *kiṣru* tiene varias acepciones. La fundamental es la de una concreción: *kaṣaru* significa 'juntar, unir, concentrar, compactar'. *Kiṣru* es pues una cosa compacta, un nudo, pero también un nódulo y un meteorito. En ciertos textos (cf. *Cuneiform Texts from Cappadocian Tablets in the British Museum*, 4 4a:40 y el verso 11) es indiscutible

que *kiṣru* se refiere a un bloque de metal que resulta de una operación metalúrgica; en otros se compara con el fenómeno celeste de las estrellas fugaces (R.C. Thompson, *The Reports of the Magicians and Astrologers of Niniveh and Babylon*. I The Cuneiform Texts, London, 1900, 28 b.2). En varios pasajes de la épica de Gilgamesh el término se refiere a Anu, dios del cielo, lo que resulta muy lógico porque se pensaba que los *kiṣru* no eran sino pedazos del cielo y, dado su peso, servían como metáforas de fuerza, de poder (cf. Tablilla I, col. iii, 4, aplicado a Enkidú; *ibid.*, verso 16, a Gilgamesh). Aquí aparece como un pedazo, "una concreción", del dios Ninurta, hijo del caudillo de los dioses, Enlil. Como tal, se podría pensar en un meteorito, en cuanto estrella fugaz, aunque la relación de las estrellas fugaces con los bloques de materia sideral no haya sido evidente. Quizá la intención del poeta es la de compararlo con Ninurta, cuyo carácter belicoso —frecuentemente es llamado "el Guerrero"— es el rasgo más sobresaliente de esta deidad.

22. Literalmente, *mašqâ itapir* significa 'se apresura a beber'. La imagen es la de un semihombre-semibestia que actúa con y como los animales, que "se echa a beber" entre las bestias.

23. El cazador de que se trata aquí es calificado como un *ḫabilu amēlu*, un 'trampero', especialista en tender lazos, redes y cavar fosas (versos 104-105) en las que hace caer a sus presas, como se verá más adelante, cuando él mismo describe lo que llama su "trabajo de la estepa" (verso 107) y diga que Enkidú llenaba las trampas que él cavaba y arrancaba las redes que él tendía (verso 104).

24. Literalmente, "a su casa". Se entiende que Enkidú se guarece en un lugar más precario que una casa: tiene por casa una guarida.

25. Se usa aquí el mismo término que en el verso 80: *kisru* (cf. n. 18), pero aquí "la concreción" es de Anu, dios del Cielo. Además de la idea de poder que suscita la metáfora, el poeta se refiere sin duda al "trozo de cielo" que cae y que Gilgamesh verá en sueños como una profecía de la llegada de Enkidú, tema de las cols. v y vi de esta tablilla.

26. La forma en que está redactado este verso, "de manera normal, en la boca de la fuente pone los pies (para beber)", sugiere que bebe como los animales, metidos los pies en el agua y doblando su cuerpo para sorber el agua con la boca.

27. *Shámhat* significa 'gozosa', apelación que recuerda el eufemismo francés *fille de joie*. Se trata de una hieródula, una prostituta sagrada, cuyas funciones rituales tenían que ver con los ritos de fecundidad de Ishtar. La idea es someter a Enkidú a un rito iniciático que comporte el acto sexual y tenga como finalidad socializarlo.

28. El término *kuzba* es difícil de traducir. Algunos le atribuyen el

significado de 'los encantos', que en español suena a eufemismo, matiz que no tiene el término acadio, por lo que lo rechazo; otros proponen 'el atractivo', que me parece vulgar en español. Bottéro escoge el feliz término francés *volupté*, equivalente al que usa Albert Schott en alemán, *Wollust*. Este último traductor, sin embargo, da a *kuzba* una traducción distinta según el verbo del que sea complemento: *Wollust* es la voluptuosidad que se muestra y *Lust* el goce que se experimenta en la posesión sexual. En efecto, en este verso, como en el 138, el *kuzba* se muestra (en el paralelo del verso 154 se dice claramente que lo que se desvela es "el regazo, los pechos", es decir "las formas"). En otra parte (verso 203) se lee que las prostitutas "realzan" sus *kuzba*. Estas "formas" ejercerán sobre Enkidú una atracción irresistible. En el verso 155, donde se usa el mismo término, vemos que el *kuzba* también "se posee". En resumen, se trata del objeto de la concupiscencia: las "formas" que "se muestran" excitan el apetito sexual, mientras que su posesión "se goza" (verso 155).

29. Literalmente, "abre tus piernas". Aquí se ve claramente la oposición entre el sexo en su materialidad (*urki*, en el primer hemistiquio) y el objeto de la concupiscencia (*kuzba*, en el segundo). Se advierte una clara gradación de la seducción: Shámhat muestra sus formas, ofrece su sexo y es poseída.

30. Literalmente, "que posea tu *kuzba*". En los versos 117 y 138 se dice que Shámhat debe abrir, mostrar —*liptâ*— su *kuzba*, es decir, el objeto de la concupiscencia. En este verso se usa el mismo término *kuzba*, pero aquí se trata de que Enkidú deberá tomar —*lilqê*— el objeto de concupiscencia (y no el sexo en cuanto tal); por lo tanto, se trata aquí del placer que procura su posesión. En acadio se posee el goce (del placer que procura el acto sexual), pero en español decimos más bien que se goza la posesión; de ahí la traducción libre que propongo: "que goce tu posesión".

31. Literalmente, *e tašḫuti leqê napīssu*, "no temas, toma su aliento". *CAD* dice (bajo *napišu*, 'breath'; mng.1c/N i, p. 305) que se trata de un *euphemism for virility*. Así, en la versión "no temas, toma su virilidad", *napiššu* sería la contraparte masculina del *kuzba* femenino, es decir, el objeto de concupiscencia, por lo que traduzco libremente "goza su virilidad", con el fin de subrayar el paralelismo con el "goza su posesión" del verso 155.

32. Los dos términos, *dādušu* e *ibubu*, se refieren al acto sexual; el primero como objeto directo, el segundo como verbo. Una traducción palabra por palabra podría ser: "con sus caricias te hará el amor".

33. Dos son las explicaciones de la razón y las consecuencias del acto sexual que se mencionan en este pasaje. Desde luego, una es la explica-

ción psicológica: la atracción natural lleva a Enkidú a satisfacer sus impulsos sexuales y el placer que esto le procura lo subyuga, lo doma —el término francés *apprivoiser* es muy adecuado para explicar el proceso, porque se aplica a los animales que son domesticados. Pero también hay una explicación antropológica, que al profesor Réné Labat le gustaba adivinar, según la cual Enkidú es sometido a un rito iniciático a cargo de una especialista, la hieródula, la prostituta sagrada del templo de Ishtar. La iniciación a la vida sexual, más que un simple rito celebrado al cumplir la mayoría de edad, constituía una introducción a la sociedad, en la que no tenían cabida los jóvenes púberes y en la que tampoco tenía cabida Enkidú, por su condición de salvaje. El acto sexual humano —amor y no sólo copulación genital— introduce a la sociedad humana plena y por eso los animales de la manada de Enkidú lo desconocerán: no es ya como ellos.

34. Los verbos usados en este verso plantean ciertas dificultades. En una de las versiones (*K 913*) el verbo es *šaḫâtu*, que significa 'saltar' o, en la forma intensiva en que aquí aparece, 'lanzarse'. En otra versión (*BM 37263*) el verbo es *saḫâḫu*, que significa 'desmoronarse' o 'desvanecerse', si se trata de una persona, y aun en varios casos 'perder pelo'. En el segundo hemistiquio el verbo es *ululla*, que puede derivarse de *alâlu*, 'suspender', a menos que sea una forma no atestiguada de *elelu*, 'purificar'. Si se toman los segundos (*saḫâḫu* y *elêlu*), Enkidú, debilitado por sus días y noches de amor, quedaría purificado. Si, en cambio, se opta por los primeros (*šaḫâtu* y *alâlu*), veríamos a Enkidú lanzarse desesperado, pero quedar suspendido en su movimiento (libremente traducido como "su cuerpo no respondió"). Esta segunda opción es más acorde con los versos que siguen, donde Enkidú aparece con las rodillas inmóviles mientras huye su manada.

35. El acto sexual, concebido aquí como un acto de iniciación, implica la madurez psíquica que va a la par con la madurez física; la primera como manifestación de la segunda. En el poema se refuerza la idea de la concomitancia de ambas: el ejercicio de la capacidad sexual no resulta de la madurez física sino del rito iniciático que, además, provoca la madurez psíquica.

36. El término usado en acadio para este complemento directo es *ibru*, que normalmente significa 'compañero, amigo'. Sin embargo, la expresión "su corazón descubre que busca un compañero" se debe entender en el contexto que exige todo el pasaje: un *ibru*, aquí, es un 'émulo', e incluso un 'rival', un hombre equiparable a uno mismo, con el cual se pueden medir las fuerzas de igual a igual. Enkidú reacciona ante la descripción del tirano con quien se habrá de medir (como se verá en los versos siguientes) y será para Gilgamesh el rival que le haga contrapeso,

como lo previó el plan de Anu. Esta actitud queda muy clara en el verso 193, donde Enkidú se propone desafiar a Gilgamesh. La amistad vendrá después, como resultado de descubrirse ambos iguales en la lucha, en la fuerza.

37. Ésta y otras expresiones desconcertantes han hecho pensar a algunos en una relación de tipo homosexual entre los dos héroes (cf. *EGE*, p. 184, n. 22), opinión que parece difícil descartar simple y sencillamente, aunque es preciso tener en cuenta ciertas connotaciones culturales propias de la civilización mesopotámica. Desde luego, la homosexualidad no tenía la misma carga moral que tiene en la cultura judeocristiana. Si bien es cierto que se despreciaba a quien se prostituía —aunque había también hieródulos "respetables" (cf. *EGE*, p. 172, n. 32)—, las relaciones homosexuales no parecen haber sido objeto de una reprobación social *per se*. Esto mismo explica que ciertas expresiones que serían tabú entre nosotros, como la de tratar a un hombre "como a una esposa", no fueran evitadas en la literatura mesopotámica. Al mismo tiempo, esto implica que tales expresiones podían tener también un sentido figurado. Veremos más adelante, por ejemplo, que la interpretación que la madre de Gilgamesh hace de esta misma imagen es la de la fidelidad en la protección (cf. versos 244-245), lo que no supone necesariamente una relación homosexual.

38. La versión paleobabilónica, tal como aparece en la tablilla conocida como *Pennsylvania Tablet*, conservada en el museo de Filadelfia, ofrece una tratamiento paralelo de los sueños de Gilgamesh con respecto a Enkidú. Los temas fundamentales son los mismos, pero algunos detalles varían y la interpretación de Ninsún difiere en cuanto a que cada sueño significa un aspecto distinto del ser que habrá de venir. Según esa versión antigua, en el primer sueño lo que cae es una "estrella del cielo, pedazo de Anu", muy pesada para Gilgamesh, pero que el pueblo de Uruk ayuda a Gilgamesh a llevar a los pies de Ninsún. Aquí la interpretación es más específica: "Alguien semejante a ti, Gilgamesh, ha nacido en la estepa, crecido en la montaña, y a cuya vista te alegrarás; los hombres besarán sus pies, lo abrazarán y tú lo traerás a mí". En el segundo sueño, el hacha que cae (del cielo) y es objeto de atención es levantada sin esfuerzo por Gilgamesh, a quien le agrada, la pone a su lado y "la acaricia como a una esposa". Como se puede observar, la versión antigua es más ligera y la interpretación más nítida: el hombre de la estepa que vendrá será su compañero, su igual.

39. Como se ha explicado en la Introducción, las Tablillas II y III se encuentran muy mutiladas en la versión estándar; en cambio, son de las más completas en la versión antigua (Tablilla de Pensilvania y Tablilla

de Yale). Por los restos de la versión estándar se ve que ambas redacciones son paralelas en sus temas fundamentales (cf. *EGE*, p. 276-281), aunque varían en los pormenores. En beneficio de una lectura fluida y una comprensión directa del argumento de la leyenda, opté aquí por la solución de R. Labat, quien introdujo la traducción de la versión antigua para remplazar el texto mutilado de la versión reciente. El empleo de una **fuente tipográfica distinta** tiene por objeto hacer ver claramente que esta parte está, por decirlo así, "entre paréntesis". Por otra parte, hay que notar que los pasajes temáticos en una y otra versiones no están distribuidos de la misma manera por tablillas. Por lo que se refiere concretamente a la Tablilla II, la del Museo de Filadelfia, comienza por los sueños proféticos de Gilgamesh, que están narrados en su primera columna; la segunda columna comienza con un pasaje correspondiente al de la Tablilla I, versos 176-196, en que Shámhat (en la versión antigua llamada Shámkat) propone a Gilgamesh ir a Uruk, de manera que los versos con que se debía iniciar la Tablilla II de la versión estándar corresponden a la columna ii, versos 12 y siguientes de la Tablilla de Filadelfia. Aquí tomamos la traducción a partir del verso 27 de esa misma columna (verso 67 en su numeración progresiva). Por último, hay que notar también que los versos son más cortos en esta versión y, dado que en general sólo constan de dos acentos, no tienen hemistiquios. Esto explica por qué, en los casos en que así lo exige la sintaxis española, ha sido necesario invertir el orden de los versos.

40. En contraposición con los alimentos de los animales, que se toman por instinto, la ingestión del pan y de la cerveza, alimentos elaborados, se aprende, como tantas otras costumbres convencionales de una sociedad refinada.

41. Literalmente, "se dilató su hígado, cantó / estaba alegre su corazón". La idea es que, con los efectos de la cerveza, se aligeró interiormente y rompió en cantos porque se sentía contento su corazón.

42. La expresión *awelis iwe* significa literalmente "parecía como un hombre", pero indica el resultado de toda su aculturación: vestido, alimentado, limpio y perfumado, deja de ser un simple *eṭlu*, un ser primitivo, como lo fue el primer hombre, un ser salvaje como lo fue él mismo, y se transforma en un hombre civilizado.

43. La traducción literal de este verso, "me han invitado a la casa del suegro", se refiere a la casa donde se realizará una boda. En señal de matrimonio, se prepara la casa de la familia del novio para recibir a la esposa; de ahí la traducción, más libre pero más clara: "me han invitado a una boda".

44. El joven viajero interrumpe su explicación cuando se ve asalta-

do súbitamente por una reflexión amarga (matiz que indico añadiendo un "¡Pero ay. . .!", que no se lee en el texto acadio) y se lamenta de que Gilgamesh tenga el derecho de gozar primero a la novia, *jus primae noctis* (cf. *EGE*, p. 182 y *ss.*). La expresión "la red de la gente", que se traduce aquí por "la alcoba", se explica así: *pûg niši* significa literalmente 'un cordón', que se puede entender como un velo que supuestamente cercaba el lecho nupcial, lo que parece simbolizar que estaba reservado al marido, puesto que impedía el acceso "a la gente", es decir, "a los demás". Sin embargo, el lecho estaba "abierto para el rey de Uruk". Sería posible traducir "el dosel", lo cual estaría más cerca del sentido inmediato de 'cordón'; no obstante, "la alcoba", en el sentido restringido que se le suele dar (como en "secretos de alcoba", etc.), ofrece una comprensión más inmediata. En todo caso, en los versos siguientes la explicación, no del texto mismo pero sí de esta odiosa costumbre, queda clara: Gilgamesh goza de la novia primero; el marido, después (versos 33-34).

45. En este verso la "red. . . para el esposo" se traduce de una manera amplia: "la alcoba. . . reservada al esposo", aunque sería posible interpretar dicha red, a la manera inglesa, como símbolo de la virginidad de la novia. En efecto, el vocablo inglés *snood* significa 'red en que se recogen el cabello las mujeres, especialmente las solteras'. James Joyce hace explícito este significado en los siguientes versos: "When thou hast heard his name upon / The bugles of the cherubim, / Begin touth sofly to unzone / Thy girlish bosom unto him / And softly to undo the snood / That is the sign of maidenhood".

46. El término *padattam* se refiere al aspecto general, a la figura: lo que la gente dice es que tiene "el aspecto, el tipo" de Gilgamesh.

47. La *eṣemtam* es la 'osamenta', la estructura del cuerpo; de ahí, la "corpulencia".

48. Una explicación posible de los ritos mencionados aquí sería que, sin saber que Enkidú ya había sido objeto de ceremonias iniciáticas por parte de la hieródula, la gente pensaba que Enkidú debía sujetarse a la purificación de los varones, es decir, a una iniciación ritual.

49. Literalmente el texto dice: "se ha preparado el lecho de (la diosa) Ishara". Siendo ésta la diosa de los matrimonios, se trata de una metáfora referida a un lecho nupcial, el de la boda de la que habló el joven viajero que le reveló a Enkidú los abusos del tirano.

50. Literalmente, "volteó su pecho", expresión ambigua que ha dado pie a que se interprete como un gesto de victoria. Kovacs, Gardner y Labat se inclinan por esa opción; A. L Oppenheim, en *Mesopotamian Mythology*, p. 17, piensa también que los gestos descritos en estos versos indican más bien el triunfo de Gilgamesh (basado en criterios tomados

del arte glíptico, dice que el "doblar la rodilla" del verso 227 es el gesto del vencedor). Los mismos argumentos, sin embargo, han dado pie a que se interprete, por el contrario, como una manifestación de derrota (Bottéro): el luchador ya no hace frente al contrincante. Esta segunda interpretación me parece la más acertada. Lo que precede describe actitudes de quien es vencido: Gilgamesh dobla la rodilla, el pie en el suelo. Por otra parte, Enkidú no hace sino cumplir la misión de su misma existencia, su razón de ser: dominar al tirano.

51. Al igual que la Tablilla II, la Tablilla III de la versión estándar está muy dañada, por lo que opto por traducir la Tablilla correspondiente de la versión paleobabilónica (Tablilla de Yale), con las mismas salvedades que tomé para el caso de la Tablilla II. Además, como en el caso de la Tablilla II, al inicio de esta versión antigua (primera columna) corresponde la segunda mitad de la Tablilla II de la versión estándar, por lo que aquí comenzamos con el verso 29 de la columna ii (75 de la numeración progresiva). La Tablilla de Yale es ciertamente la continuación de la de Pensilvania, aunque tiene algunas diferencias formales: las fórmulas introductorias son más largas que en la Tablilla de Pensilvania (X tomó la palabra y se dirigió a Y); también hay versos más largos: aunque algunos sólo tienen dos acentos, en general son de tres y algunos de cuatro; en este último caso aparecerán cortados en hemistiquios.

52. Huwawa, la denominación del guardián del Bosque de los Cedros, no es originalmente sino la forma babilonia del nombre del dios elamita Humpan, lo que indica que en la versión paleobabilónica el escenario de la aventura de Gilgamesh son los Zagros de Irán (cf. *MM*, p. 126, n. 20), región de la que también se importaba la madera y no, como aparece en la versión neobabilónica, las montañas del Líbano (cf. *EGE*, p. 78, n. 18).

53. De hecho, *erênu* significa 'pino' en general (*MM*, p. 126, n. 20), pero los traductores del poema han preferido entenderlo como "cedro", traducción tradicional que hace evocar, por lo demás, el escenario de la lucha contra el monstruo guardián del bosque de acuerdo con la siguiente tablilla de la versión estándar.

54. El *bēru* es una medida de tiempo —lo que ocurre en una hora— y, secundariamente, de longitud —la distancia que se recorre en una hora. Los mesopotamios dividían el día en 12 horas en vez de 24 (cf. *MM*, p. 127, n. 21). El término *bēru* indica la distancia recorrida en una de "sus" horas, es decir, en dos horas nuestras. Equivale por lo tanto a una "doble-legua",o sea, a aproximadamente 10 km. Veinte *bēru* = 200 km.

55. Este pasaje (versos 140-150), expresión del concepto mesopotámico de la trascendencia divina, es una reminiscencia del pasaje conteni-

do en el poema sumerio *Gilgamesh y el País del Viviente*, tema privilegiado en la literatura sapiencial babilónica. En la épica de Gilgamesh parece ser una mera reflexión filosófica, mientras que en el poema sumerio la motivación de Gilgamesh para emprender la aventura es justamente la de sobrepasar la intrascedencia humana, trascendiendo por la fama.

56. Como es bien sabido, en el antiguo Irak no había —como no los hay ahora— bosques de madera para construcción, de tal forma que ésta sólo podía obtenerse mediante el trueque o en luchas con los pueblos de las regiones montañosas que limitaban el Creciente Fértil, por lo que los más famosos monarcas de la historia —Sargón de Akkad entre ellos— emprendieron expediciones belicosas a las regiones madereras y consideraron siempre una proeza montar una expedición de gran envergadura contra ellas. La aventura del Bosque de los Cedros representa muy probablemente la memoria de una expedición histórica de esta naturaleza, preservada por la tradición.

57. Como ocurre en dos poemas del ciclo sumerio sobre Gilgamesh —*Gilgamesh y Agga de Kish* y el correspondiente a la aventura de *El Bosque de los Cedros*, "los ancianos" de este pasaje —es decir, el cuerpo colegiado de las ciudades-Estado que constituía el consejo de la ciudad— oponen objeciones al proyecto de Gilgamesh, que consideran demasiado arriesgado. Lo que en el poema sumerio era probablemente una reminiscencia de la estructura piramidal de esa sociedad primigenia, en la épica babilonia no es ya sino un recurso estilístico para acentuar el dramatismo de la acción.

58. Esta tablilla está muy mutilada. Sin embargo, gracias a que el esquema del argumento supone muchas repeticiones, se puede restituir parcialmente. El gran asiriólogo Beno Landsberger, en un largo artículo —el último que escribió, antes de morir (*Revue d'Assyriologie*, LXII, 1968, p. 97-135)— propuso una reconstitución de los numerosos fragmentos que se han encontrado. El texto resulta dividido en dos grandes partes: *a*) la narración del viaje y *b*) un primer ataque a Humbaba, sorprendido fuera del Bosque, y, en seguida, la llegada al Bosque con las primeras impresiones y reacciones de los héroes. En la primera parte, Landsberger propone que el viaje al Bosque de los Cedros se realiza en seis etapas de tres días cada una (18 días). En cada etapa Gilgamesh tiene un sueño enigmático, que Enkidú interpreta. Sólo se pueden recuperar los pasajes de la primera parte referentes a introducciones idénticas para cada etapa, más el contenido del primer y tercer sueños (aquí se encontrará la traducción de esas dos etapas con los dos sueños inteligibles, el primero y el tercero, y, en nota a pie de página, la de tres sueños tomados de la versión antigua, aunque éstos no correspondan a los de la versión

estándar), así como algunos pasajes de la segunda parte. No obstante, lo recuperable es suficiente para dar una idea de la manera como se desarrolla este pasaje. La incertidumbre de la secuencia de los versos hace imposible intentar una numeración progresiva.

59. Palabra por palabra, "la caminata de un mes y quince días". La proposición "que se recorrería" es únicamente una perífrasis explicativa del traductor: es la distancia (que un hombre cualquiera recorrería) en un mes y quince días. Nuestros héroes son seres sobrehumanos que recorren en un día 50 dobles-leguas, que son ¡500 kilómetros!

60. Según la reconstrucción de Landsberger, el total que resulta de una caminata de 18 días (500 × 18 = 9 000 km) representa seis veces la distancia que hay realmente entre Uruk y el Líbano, que es de aproximadamente 1 500 km. Cabe preguntarse si el público del primer milenio a.C. aceptaría esto como algo verosímil, pues en esa época el viaje al Líbano no representaba ya ninguna proeza (aunque no se ha de olvidar que la ficción literaria del género al que pertenecen mitos y leyendas no se ha de tomar como evidencia de la verdad, ni histórica ni geográfica). En todo caso, la aseveración de que, al cabo de tres días, llegaron a la montaña, no se refiere evidentemente a "La Montaña", es decir, la del bosque de Humbaba, el Líbano (como se lee en *MM*, p. 67). Según la proposición de Landsberger, no se trata sino de una montaña cualquiera (el itinerario normal, siguiendo el curso del Éufrates, supone pasar por el pie de otras montañas, aunque menos importantes, entre la frontera actual de Iraq y el norte de Siria) y no de "La Montaña" (la restitución del nombre propio que sigue a *KUR*, 'país' o 'montaña', por *L[ab]-n[a]-nu*, Líbano, no parece justificable).

61. Gilgamesh procede al sacrificio en honor de su dios protector, Shamash, en cumplimiento de las recomendaciones del consejo de ancianos (versos 40-43 de la Tablilla III, col. vi).

62. La harina que "vertió en sacrificio", como libación en honor de Shamash, es una harina que ha sido 'tostada', *mashat* (cf. *CAD* p. 1331) —se nos escapa por qué tostada— y que se usaba para ciertas ofrendas.

63. El pasaje que se inicia en el verso 10 no se comprende sin referencia a ciertos ritos misteriosos que seguramente eran conocidos por los mesopotamios de la época en que se produjo el poema, pero no para nosotros. Quizá el viento que pasa podría ser la respuesta a la oración del verso anterior; el círculo mágico con que Enkidú rodea a Gilgamesh, trazado con la harina quemada, propicia el sueño revelador. J. Bottéro hace una exposición sucinta de esos ritos (*EG*, p. 99, n. 2), pero prudentemente se abstiene de traducir el término *da-ma*, que podría provenir del verbo *da'âmu*, 'ensombrecerse', lo que a mí me da pie para pensar que la

comparación con el color de la harina quemada es lo que hace decir que él, Gilgamesh, "se ensombreció", tomado ese término en el sentido de "preocuparse".

64. J. Bottéro detiene aquí su numeración progresiva (él le atribuye a este verso el número 50') debido a la dificultad de calcular correctamente en qué línea comienzan los fragmentos.

65. Interpretación por el contrario (cf. *EG*, p. 100, n. 2)

66. El tercer sueño está contenido en el documento *Sm. 1040*, que corresponde, según Landsberger, al principio de la columna iii. Por lo tanto, considerando que las tablillas tenían un promedio de 50 versos en la versión estándar, y que los versos que se refieren a la introducción de la etapa y la ofrenda a Shamash son ocho, me permito hacer una numeración hipotética de los últimos versos de la columna ii, que comprenden del 44' al 50'.

67. Este relato parece desarrollarse en cuatro tiempos: primero, se desata una tempestad; segundo, cuando la tormenta se acalla, surgen las tinieblas en medio de un silencio de muerte; tercero, cae un rayo y se produce un incendio; cuarto, se apaga el incendio y todo queda hecho cenizas. Los versos no comportan adverbios temporales que permitan seguir la narración en ese orden, y la lectura de los versos puede parecer entonces ilógica. Hay que comprender que el poema estaba escrito para recitarse y que, por lo tanto, el narrador, con el ritmo de sus frases y la entonación de su voz, podía dar a entender esa secuencia, que no permite una lectura como la que estamos acostumbrados a hacer, por lo que he añadido los adverbios "después" en este verso y "entonces" en el verso siguiente.

68. Literalmente, "le hizo aceptar su sueño".

69. El resto de la tercera columna, así como el principio de la cuarta, son sumamente fragmentarios. Se colige por algunos términos legibles que éstos representan el contenido y la interpretación del cuarto sueño, en el que parece haber una descripción de un ser gigantesco y espantoso que habría de ser dominado por los dos héroes: el aspecto de Humbaba (*KAR* 319) y el modo y momento de la victoria sobre él (*LKU* 40). En lo que queda de esa misma cuarta columna se lee la introducción de la quinta etapa, pero falta la totalidad del quinto sueño y toda la sexta etapa. En beneficio de una lectura fluida he renunciado a consignar en esta traducción esas briznas de texto. En cambio, es interesante el contenido de los sueños rescatado gracias a los fragmentos de Tell-Harmal (los fragmentos más antiguos de la leyenda en acadio: siglo XVII a.C.), traducidos al francés por Jean Bottéro (*EG*, p. 246-249, incluso un fragmento aún inédito cuya publicación preparan A. Cavigneaux y J. Renger), que traduzco aquí

a mi vez al español. Es importante añadir que el esquema coincide con el de la versión estándar (seis sueños y sus interpretaciones), pero que, por una parte, no aparece la introducción de cada etapa y que, por otra, el contenido de cada sueño difiere en una y otra versión (el tercer sueño que aparece en ambas no es igual). Por ello, a diferencia de las Tablillas II y III (en que los paralelismos entre las dos versiones son muy importantes), no incorporo estos pasajes en el cuerpo de mi traducción sino en una nota a pie de página. Puesto que no es mía la traducción del original, no distingo gráficamente las partes restituidas de las que se leen plenamente. Tampoco separo los hemistiquios, puesto que no intento darles ningún ritmo.

70. El relato vuelve a ser relativamente inteligible al fin del viaje, cuando Gilgamesh, conmovido, hace una oración a su dios protector, Shamash, lo que no es sino el final de la quinta columna en el verso al que Bottéro atribuye el número 38.

71. Tanto el verbo "se oyó" del primer hemistiquio, como el nombre de "Shamash" en el segundo, están implícitos en el texto acadio.

72. Literalmente, el verbo *izizzaššuma* del primer hemistiquio significa 'preséntate a él'.

73. En el segundo hemistiquio, *ḫalbu*, 'bosque', se puede traducir por algo más específico, como 'guarida', ya que se trata del lugar donde Humbaba está seguro, protegido.

74. Algunos traductores ponen los siguientes versos en boca de Enkidú, por ser él quien los recita en la siguiente tablilla. Sin embargo, puesto que es Enkidú quien parece intimidado en el verso 23', resulta lógico que aquí sea Gilgamesh quien arenga a su compañero. El hecho de que en esta parte del poema los estados de ánimo, de miedo y arrojo, alternen sistemáticamente —primero es Enkidú el intimidado, después será Gilgamesh— parece ser un recurso literario buscado expresamente por el poeta para acentuar el dramatismo de la acción.

75. Literalmente, *pisnuqiš*, como 'miserables'. A la luz del contexto se ve que se trata de un término despectivo que hace referencia a una actitud vergonzosa, que equivale aquí a la de los cobardes. La misma expresión vuelve a aparecer, no ya en labios de Gilgamesh sino en los de Enkidú (V/i, 16 de la Tablilla W 22554; cf. n. 71).

76. Literalmente, "hasta sus lejanos (descendientes)".

77. Hago una traducción libre de este verso, que literalmente dice "caminos muy derechos, un camino excelente". Puesto que buscaban afanosamente cómo llegar a Humbaba a la entrada del bosque (verso 3), la idea parece ser que las veredas que había abierto el paso de Humbaba debían conducir directamente hacia él, por lo que eran muy buen camino.

En otros términos, si el segundo hemistiquio es una aposición del primero, y no se refiere a otro camino, la preposición que añado —"hacia"— permite comprender esa situación.

78. El texto es muy fragmentario, pero se comprende suficientemente que los dos héroes se preparan para la lucha. A partir del verso cinco, los poquísimos términos legibles parecen referirse a que Humbaba fue tomado por sorpresa, pues aparentemente sólo llevaba una de sus siete armaduras terroríficas (versos 5 y 6) y no gritó (versos 7 y 8), por lo que desplazo estas cuantas palabras a lo largo de los renglones y añado algunas que hacen comprensible el contexto hipotético.

79. La frase de este verso es una restitución *ad sensum* en función de lo que dice el siguiente: "Que os maldiga Enlil."

80. Estos versos, que recitaba Gilgamesh cuando era Enkidú el amedrentado (cf. n. 71), son ahora repetidos por este último, pues en este pasaje es Gilgamesh quien desfallece.

81. Ni el resto de la columna ii, ni las columnas iii y iv se han encontrado con seguridad en ningún fragmento, y las briznas que quedan de las columnas v y vi apenas permiten ver que se trata de las arengas que preceden al combate y derrota de Humbaba, puesto que al final se habla de su cabeza, de tinieblas y de oscuridad. Bottéro introduce aquí la traducción de una tablilla neobabilónica encontrada en Uruk, que llena la laguna ya que su argumento corresponde al que aquí se esperaría. Por no ser seguro a qué columnas de la edición "ninivita" corresponden las de esta edición neobabilónica, no se le atribuye la correspondencia a ninguna de las columnas faltantes.

82. Fundamento la traducción de *iṣṣūr ṣarṣaru* por "aves del bosque" en *CAD*, bajo el verbo, acepción D: "sinónimo de *qištu*, 'bosque' ".

83. La restitución del verbo "desfallece" es *ad sensum*, puesto que en el siguiente verso Enkidú reprochará a Gilgamesh su cobardía con el mismo término duro y despectivo con que este último se la había reprochado a él (cf. Tablilla IV, col. vi, 27 y n. 71 respecto del recurso de invertir los estados de ánimo de los héroes).

84. Literalmente, "escondes tu boca (tus palabras) con 'algo que cubre' ", es decir, "hablas en secreto".

85. En el segundo hemistiquio de este verso se inicia una metáfora que puede haber sido empleada, quizá, como proverbio para indicar el inicio de una batalla: así como el cobre del herrero se ha calentado en dos horas (*bēru*, el mismo término que se emplea para las distancias que se recorren en dos horas) y al cabo de dos horas se enfría (es decir que ya está listo, terminado), de la misma manera ya no hay nada que esperar

sino emprender el combate. Pongo entre guiones lo que considero el proverbio metafórico y, para que quede clara la idea, adelanto a este segundo hemistiquio el sujeto —el cobre—, que en acadio sólo aparece al final del verso siguiente.

86. Shamash, como dios solar que es, tiene bajo su dominio los fenómenos meteorológicos, a los que utiliza como armas en favor de Gilgamesh, su protegido. En el texto sólo aparecen los nombres de los vientos, a los que yo añado su traducción —cuando se puede conocer—, de lo que resultan versos tan largos que hay que dividir en varias líneas.

87. Literalmente, "tú ves la idea de mi bosque, la idea de Gilgamesh". La forma idiomática del acadio equivale a "tú ves (conoces a fondo) el plan de Gilgamesh (respecto de) mi bosque".

88. Literalmente, "no encuentre ribera", metáfora por "lograr la salvación".

89. Los versos del 8 al 15 están sumamente fragmentados, pero se adivina el argumento por algunas palabras que revelan el desenlace del combate. Dadas las lagunas tan grandes del texto, lo pongo entre corchetes.

90. Aquí empieza una larga enumeración del triste fin de los múltiples amantes de Ishtar. Dumuzi o Tamuz (versos 46 y 47) —dios de la vegetación que muere y resucita—, objeto de un mito independiente y cuya fiesta, popular no sólo en Mesopotamia sino en la Siria cananea, daba lugar a lamentaciones rituales, es el mejor conocido de los amantes aquí citados. Otras historias mencionadas, sólo conocidas por este pasaje de la leyenda de Gilgamesh, son típicas de los cuentos populares que tratan de atribuir el origen de los seres a hechos ocurridos "en los tiempos primordiales".

91. El complemento *mihha* de los verbos "subir" y "bajar" no se conoce más que como el nombre de una cerveza, lo que no tiene nada que ver en este contexto. Puede ser el nombre de un instrumento del jardinero, que yo sugiero muy conjeturalmente como "balde" que sube y baja al pozo, acción que conviene a los verbos empleados. Por otra parte, el nombre del animal *dallalu* podría sugerir el ruido que hace la polea al ponerse en movimiento.

92. Se sabe que el complemento del verbo se refiere a una posición de las piernas adoptada en señal de duelo, y el verbo mismo significa 'lanzarse', lo que me hace pensar conjeturalmente que "se echó de rodillas".

93. La traducción en lengua hitita es un resumen de la leyenda acadia, por lo que no representa propiamente una versión del poema, pero es útil para restituir, no el texto, desde luego, pero sí el argumento de algunos pasajes perdidos en las versiones acadias. La traducción del hitita al alemán (H.G. Güterbock, en A.L. Oppenheim, "The Interpretation of

Dreams in the Ancient Near East", *Transactions of the American Philosophical Society* NS 46/III, Philadelphia, 1956, p. 248, núm. 6) ha sido traducida a su vez al francés por J. Bottéro (*EG*, p. 286-287).

94. Para la numeración de los versos de la Tablilla VII me baso en la reconstitución propuesta por J. Bottéro en su traducción, y que corresponde a numerosos fragmentos neoasirios y neobabilónicos.

95. Literalmente, "estaba yo cortando tu madera", pero, en función del siguiente verso, que indica el fin de la búsqueda, traduzco libremente por "busqué tu madera", con el fin de ligar con el "hasta encontrar" del verso siguiente.

96. El verso dice, literalmente, "que se levante (que surja o que viva) después de mí".

97. Literalmente, "que las manadas del campo no entren (en sus trampas) y que salgan por una 'especie de ventana' " (que no puede ser, en este contexto, más que un agujero del redil): es decir, que "no caiga en ellas la presa, antes bien, que se le escape".

98. El segundo hemistiquio se podría traducir textualmente: "tu lugar en que estás de pie, sea la sombra de las murallas", lo que describe el sitio donde las prostitutas esperaban a sus "clientes" fuera de la ciudad. Para evitar el circunloquio, cambio la proposición por otra equivalente en cuanto al sentido.

99. Nuestra mentalidad respecto del sentido de los honores funerarios que se describen a continuación es tan distinta de la que tenían los mesopotamios que parece contradictorio que Shamash quiera consolar a Enkidú anunciándole la solemnidad de sus exequias y el duelo que habrá por su muerte. La idea fundamental del pensamiento de esos pueblos a este respecto era que la "felicidad" —muy relativa— en la otra vida dependía de los ritos y prácticas que los parientes vivos cumplieran en su memoria. El sentido de la intervención de Shamash es el siguiente: "vas a morir en las mejores circunstancias y por lo tanto tendrás una vida más llevadera en ultratumba, porque tienes un hermano mayor que celebrará por ti ritos funerarios excepcionales".

100. Este verso, *ušeššebka šubat neḫta, šubat šumēli*, muy interesante, ha sido interpretado de diferentes maneras. Tomo algunas traducciones: *a*) Labat hace de esta proposición una comparativa que se refiere a la vida de Enkidú: Gilgamesh lo hará reposar en un lecho magnífico, a su izquierda, "como cuando" aún en vida Enkidú tenía un lugar de honor a la izquierda de Gilgamesh (*RPO*, p. 179: III, 2); *b*) Bottéro considera ese lugar como el lugar en que se rendiría el último homenaje a Enkidú (cf. *EG*, p. 142, n. 1); *c*) Kovacs (*EG*, p. 63, n. 6) traduce *šubat* por la palabra inglesa *seat*, 'asiento', y en la nota dice que se refiere a la estatua de

217

Enkidú. Yo he optado por una traducción palabra por palabra, que puede sugerir que se trata de la tumba de Enkidú, la cual habría de estar a la izquierda de la del propio Gilgamesh: *šubat niḫta*, en su acepción más frecuente, se refiere a establecer un pueblo, una persona en la paz... ¿No podría entenderse metafóricamente como una imagen del sepulcro? No sostengo tal interpretación pero sí dejo la ambigüedad en la traducción. E. Dalley traduce aún más literalmente el término *šubat niḫta* por *restful dwelling*, en vez de "mansión de la paz", lo que puede suponer una interpretación semejante a la mía, pero su nota 78 (*MM*, p 130, que se refiere al verso paralelo de la Tablilla VII, col. iii, 43), hace pensar que toma "la mansión" en sentido más bien metafórico. La opción que escojo es arriesgada, sin duda, pero la tomo porque lo permite su sentido literal.

101. El verbo usado en este verso significa 'lamentarse', pero con el lamento característico del duelo. En español existe "plañir", pero prefiero evitar el uso de una forma subjuntiva más bien rara ("y por ti plaña") para decir sencillamente, aunque valiéndome de una perífrasis: "y por ti guarde luto".

102. Literalmente, *mimmu kabtatišu*, "todo lo de su hígado", es decir, "todo cuanto tenía en su interior".

103. Literalmente, "se hacía muy pesado sobre mí".

104. Enkidú ve las coronas, *kummusū*, 'reunidas'. Puede tratarse de una metonimia por "los reyes" del siguiente verso. Pero puede ser también una referencia a que los reyes en el Infierno estaban despojados de sus coronas, que estaban "amontonadas o guardadas", acepción incluso más propia de la forma de ese verbo. Esta segunda posibilidad me parece más adecuada a "la mansión-Irkalla", donde "los habitantes" están despojados hasta de sus vestidos.

105. Este último pasaje, muy fragmentario, que debía contener la narración de la muerte de Enkidú, es difícil de comprender. Se adivina un reproche, pero ¿en boca de quién?: el verbo "gritó" puede tener por sujeto a cualquiera de los dos protagonistas del poema. Si se atribuye a Gilgamesh, es como el grito de dolor al ver que su amigo lo abandona. Si se atribuye a Enkidú, se supone que reprocha la impotencia de Gilgamesh para salvarlo en la hora suprema. Aunque en los textos recuperados no se lee ningún episodio en que Gilgamesh haya salvado a Enkidú "en el corazón de Uruk" (podría ser algún pasaje de la lucha contra el Toro del Cielo perdido en las lagunas del texto), lo tomo para lograr una lectura más coherente.

106. Este verso presenta dificultades, pues el verbo *tappašiš* está en segunda persona: 'unges'. Si el sujeto del verso anterior es la o las

prostitutas, se esperaría lógicamente un verbo en tercera persona. La traducción es probable pero hipotética.

107. El adjetivo que califica al onagro, *ṭardu*, significa 'perseguido'. La idea es más bien la de "vagabundo".

108. Literalmente, "tu estás oscurecido".

109. El texto acadio dice que arrancó y arrojó sus *damqūti*, sus 'bellas (vestiduras)'.

110. Esta estatua no es la que Gilgamesh se había propuesto hacer para obtener la clemencia de los dioses, y especialmente la de Enlil (Tablilla VII, col. ii, 26), sino a la que se refería Shamash en su respuesta a las imprecaciones de Enkidú: una estatua funeraria, supremo honor que un difunto podía tener y por el cual sería recordado siempre y, por lo tanto, habría de gozar de mejor vida en el inframundo. De igual manera, los honores funerarios predichos por Shamash son cumplidos por Gilgamesh (Tablilla VII, col. iii, 45-53 y Tablilla VIII, col. iii, 1-6).

111. Sobre éste, y más adelante, el verso 3, cf. n. 97.

112. Se trata aquí de un rito en honor de Shamash, previo al rito del depósito de las ofrendas funerarias, quizá porque Shamash, como deidad solar, cada noche entraba por el poniente al mundo subterráneo —reino de los muertos que se hallaba en la parte inferior del globo cósmico—, el cual atravesaba para volver a aparecer en el oriente. En un ritual del Reino de Mari —primer cuarto del segundo milenio (cf. M. Birot, *Fragment de rituel relatif au kispum*, en Bunt Alster, *Death in Mesopotamia*, Akademisk Vorlag, Copenhagen, 1980, p. 139)—, que se refiere a las ofrendas funerarias en honor de los antepasados de los dinastas en el poder, también se procede primero a una ofrenda ante Shamash, que es seguida del *kispu*, banquete funerario propiamente dicho. En los versos que faltan podría haber habido una descripción de ese rito.

113. De este verso no queda con seguridad sino: "ellos gozaban de la vida". Ninguna restitución es más arriesgada que la del contenido de un sueño. Sin embargo, propongo la restitución del primer hemistiquio, *šūt abni*, 'unos hombres de piedra', basado en los versos de la Tablilla X, col. ii, 29, donde Gilgamesh cae como flecha en medio de unos hombres de piedra y los dispersa, lo mismo que sucede en los versos que siguen en el caso de este sueño.

114. El sentido del verbo *innaṣarū*, 'proteger, cuidar', aplicado a las montañas, no parece adecuado. Si se admite que estos versos iniciales de la columna ii son una glosa interpolada en el texto original, se puede pensar que en este verso se trata de una contaminación mecánica de los versos 6 y 7 (la vigilancia sobre el sol es atribuida en esos versos a los monstruos Girtablilu). En todo caso, el verbo *innaṣarū* se puede traducir

libremente por 'presenciar', acepción que se puede aplicar a las montañas por donde sale y se oculta el sol.

115. El término *durgi* significa 'valles' (*Assyrisches Handwörterbuch* 177b), pero se entiende por contraposición a las cumbres, lo que permite la traducción "hondonadas" para sugerir barrancas más estrechas, como corresponde a la descripción que viene adelante, en la que los *durgi* son oscuros.

116. Tomo aquí la acepción del término *bēru* por 'dobles-horas', y no por 'dobles-leguas', en función de los argumentos que siguen. Se ha explicado de dos maneras la situación de las montañas "Gemelas". La primera explicación supone que un pico está al oriente y otro al poniente; el sol, al ponerse, entraría por el occidente a la parte inferior de la esfera cósmica, por donde haría su recorrido nocturno hacia el oriente, para aparecer sobre la otra montaña gemela (*RPO*, p. 199 y 200). La segunda explicación (*EG*, p. 158, n. 1) imagina ambas cumbres al oriente; el sol recorrería, por la noche, la parte inferior de la esfera cósmica de occidente a oriente, y al salir pasaría por un pasaje a través del macizo montañoso, antes de despuntar para iluminar al mundo. Yo me inclino por la primera solución: Gilgamesh, como se verá, tendrá que recorrer todo ese trayecto en 12 *bēru*, es decir 12 dobles-horas, todo un día y una noche para los mortales que habitamos la tierra. En todo el transcurso no tiene luz y el sol no le da alcance porque Gilgamesh inicia su camino cuando el sol va a salir por el oriente: en otros términos, podemos imaginar (aunque no hay que esperar de un texto mítico-legendario una coherencia perfecta) que Gilgamesh emprende su viaje por el fondo de la tierra a partir del poniente en el momento que el sol sale a iluminar la Tierra, de manera que cuenta con todo el día y continúa por la noche. Su salida coincidirá con la del sol por el oriente.

117. Entre los últimos versos de la columna iv y los que empiezan a ser legibles en la columna v hay una laguna demasiado grande; se nos escapa lo que debe haber narrado.

118. La presencia de una tabernera en un lugar a donde no llega nadie es un *deus ex machina*. Se explica porque los establecimientos comerciales en que se hacía y despachaba la cerveza se encontraban en el cruce de los caminos, de donde partían los viajeros, y, por lo tanto, las mujeres que los atendían en tiempos paleobabilónicos podían darles indicaciones sobre la ruta que habían de tomar (cf. E. Cassin, *Journal of Economic and Social History of the Orient*, IV, p. 164 *ss.*). Siduri, desconocida en otros textos, está ahí porque es necesario que alguien dé a Gilgamesh las señas sobre su travesía.

119. El verso acadio no incluye la conjunción "aunque"; sin embar-

go, dado que esta precisión sobre la naturaleza semidivina de Gilgamesh parecería contradecir lo que se esperaría de un ser superior, lo interpreto como una preposición adversativa.

120. Literalmente, estos dos versos dicen: "reflexionaba en su corazón, decía una palabra / consigo misma ella tomaba consejo", una endíadis típica del acadio.

121. La fórmula introductoria del estilo directo usada en este pasaje es uno de los indicios de las diversas tradiciones de las que proviene. En la Tablilla X se emplea una fórmula corta: *X ana šâšuma izzakkara ana Y*, "X a él habló a Y" (en vez de la fórmula larga: *X pâšu ipušuma iqabbi/ izzakkara ana Y*, "X hizo su boca (es decir, 'tomo la palabra'), dijo y habló". Es interesante tenerlo en cuenta porque éste es uno de los argumentos que militan en favor de considerar la narración del diluvio en la siguiente tablilla como una interpolación (cf. *EGE*, p. 233 *ss.*).

122. Literalmente, *ibašši nissatu ina karšika*, "hay ansiedad en tu estómago (tus entrañas)", es decir, en lo más hondo de tu ser, de tu alma, como sede de los sentimientos profundos, como "la angustia". Sin embargo, dejo la traducción literal por expresiva y por corresponder a las ideas de la época en que fue compuesto el poema: la angustia se experimenta no sólo en el corazón sino en todo el plexo solar, "en el vientre".

123. Se ha discutido mucho acerca de cuál es el significado de *šût abni*, 'los de piedra'. Algunos traductores dejan al pasaje toda su ambigüedad y traducen "los de piedra" o "cosas de piedra" (Dalley, Kovacs, Gardner). Para otros se trata de "remos" o de "pértigas" para impulsar la embarcación (*RPO*, p. 205-206, n. 2), o bien de "hombres de piedra" (cf. la excelente nota de J. Bottéro en *EG*, p. 170, n. 3). Yo me inclino por esta última interpretación, que se apoya tanto en el análisis del texto como en el dato que proporciona la versión hitita, que describe a los *šût abni* como "imágenes (estatuas) de piedra" (versión hitita, col. iii, 22'). Una razón suplementaria es que no se ve por qué no se les llamaría simple y sencillamente "remos", puesto que más adelante Gilgamesh tendrá que recurrir al uso de "pértigas", llamadas por el término que normalmente las designa, *parîsu*. La versión paleobabilónica nos dice además que eran *mušebbirū*, es decir, 'que hacían atravesar' (fragmento del British Museum, L, col. iv, 7), lo que hace pensar en agentes activos, remeros que, por ser de piedra, no serían afectados por el contacto con las aguas mortales. El bosque lítico, el medio "natural" en que evolucionan los "hombres de piedra", encuentra aquí su explicación: su existencia en el poema se hace necesaria para que Gilgamesh corte en él "pértigas" de piedra.

124. No se sabe exactamente lo que significa *urna*, pero el verbo

221

iqatap significa 'arrancar (frutos)', por lo que cabe la traducción amplia de "cosechar" frutos, *urna*.

125. Literalmente, "se deslizó y se fue bajando a ellos". Estos versos recuerdan los del sueño de Gilgamesh antes de llegar a las montañas Mashu (Tablilla IX, col. i, 15-18), por lo que este pasaje podría representar la realización de aquel sueño enigmático.

126. Restitución *ad sensum*: únicamente legible "y él le golpeó la cabeza [. . .] Gilgamesh".

127. Al destruir a los remeros de piedra, Urshanabí se ve obligado a buscar otra solución: cortar "pértigas" (escojo este término, que puede tener la acepción de tronco entero, largo y delgado, descortezado o no, que tenía múltiples usos en las embarcaciones de madera), probablemente también de piedra, puesto que el bosque próximo es un bosque lítico. Además de la materia —la piedra, que no sería afectada por el contacto con las "aguas mortales"—, la longitud de tales pértigas le habría de permitir clavarlas en el fondo del mar e ir empujándolas y hundiéndolas hasta dejarlas caer al agua en el momento en que la extremidad superior hiciera contacto con la superficie, de manera que Gilgamesh no tocara el agua (cf. col. iv, 2).

128. El orden de estos versos aparece invertido en acadio, lo que ocurre frecuentemente. La idea es: "se desvistió (después de) haberse quitado el cinturón".

129. Literalmente, "haces acercarse tus días lejanos".

130. La idea expresada en acadio por *amēlūtum ša kīma qan api ḫaṣib šumšu*, "la humanidad, su nombre es 'como una caña de cañaveral se quiebra' ", indica aquello que es propio del hombre por naturaleza, puesto que, para los mesopotamios, el nombre indicaba la esencia misma de todo ser.

131. Los adjetivos *damqa* y *dameqtum*, aplicados respectivamente al joven y a la joven, significan 'bueno' y 'buena' en todos sentidos. Aquí se entiende que al joven y a la joven en buen estado (de salud) también los alcanza la muerte.

132. Los *kulīlī* son probablemente langostas, el insecto de la primavera en el momento de las crecidas del Éufrates y del Tigris, pero se piensa que también podría tratarse de las efímeras. Dado el desarrollo de la metáfora en los versos siguientes, he elegido aquí la segunda opción.

133. Es posible hacer dos lecturas de la primera palabra de este verso: *ṣallu* y *šallu*. La primera significa 'durmiente'; la segunda, 'prisionero'. Dos versos más adelante se lee que el primer hombre, *lullû amêlu*, está 'atado', *edil*, lo que ha dado lugar a escoger la lectura *šallu*, por la que se iniciaría una metáfora que termina en el verso 27. Sin embargo,

el sentido parece un tanto forzado. Se trata quizá de un juego de palabras: el poeta juega con los términos *mutum*, el 'hombre' (casado, pero, por extensión, todo hombre) del verso 25, y *mūti*, la 'muerte' del 26, y la semejanza de los parónimos *sallu* y *šallu* parece sugerirle la reflexión del verso 27. Si, como se ha pensado, la inclusión de la historia del diluvio en la versión reciente del poema de Gilgamesh (Tablilla XI) no formaba parte del poema original (cf. *EGE*, p. 238 *ss.*), la mención del sueño (verso 25), imagen de la muerte (verso 26), se continúa muy fluidamente en el verso 199 de la Tablilla XI, donde Gilgamesh es sometido a la prueba de no sucumbir al sueño, continuación lógica de estos dos versos.

134. Literalmente, "mi corazón te estaba viendo como hecho para el combate".

135. Literalmente, "en la inactividad estás reclinado sobre tu costado".

136. La historia del diluvio insertada en el poema de Gilgamesh fue tomada de una tradición contenida en el poema llamado *Atráhasis*, 'el Sapientísimo', en que se narra una serie de cataclismos —el último de los cuales es el diluvio— que acaban con varias generaciones de hombres. En ese poema, los dioses enumerados en éste y los versos que siguen no deciden el diluvio "sin motivo", sino que ceden a la presión de otros dioses, inferiores dentro de la jerarquía de la sociedad divina, los cuales se quejan del ruido que hacen los hombres.

137. Ea, el dios más inclinado a proteger a la humanidad, era el dios sabio, prudente y astuto por excelencia. Aquí es presentado como sometiéndose al juicio de sus superiores, pero sin comprometerse. Su astucia consiste en no revelar directamente a los hombres su plan de salvación sino susurrar el secreto a las paredes de la 'casa de carrizos' —*kikkisu*— donde se encontraba Utanapíshtim, lugar privilegiado en que se recluía el vidente en espera de una revelación. Cuando después del diluvio se disculpa Ea ante Enlil, arguye no haber revelado el secreto de los dioses, sino sólo haber inducido un sueño en Utanapíshtim, quien "lo oyó" (versos 186 y 187), esto es: Ea habla a las paredes de la choza, no a Utanapíshtim, quien lo oye en su sueño.

138. El término *kikkisu* es intraducible en este contexto. En general se refiere a una 'pared de carrizos', que podía ser una valla o cerca de un campo, o bien el muro de una casa de carrizos, como las que había en el extremo sureste de la Mesopotamia. Aquí se supone que Utanapíshtim está dentro de la casa, por lo que el término "valla" no corresponde exactamente a lo que se refiere el *kikkisu*, pero tampoco convienen los términos "casa", "choza" o "pared", que evocan en nuestra mente, el primero y el tercero de ellos, construcciones hechas de otros materiales, mientras que "choza" significa un albergue más bien precario, lo que no

es el caso de las casas de carrizos del sur de la Mesopotamia, que tenían un gran refinamiento. Opto por "carrizos" sencillamente, cuyo significado queda precisado en el segundo hemistiquio por "pared".

139. Literalmente, estos dos versos rezan: "un IKU la superficie / diez GAR la amplitud de las paredes / diez GAR el contorno de su parte superior". Dicho en la forma en que nosotros lo expresaríamos: "3600 m^2 (1 IKU) la superficie de la base; 60 m (10 GAR) de ancho y de alto las paredes, y 60 m (10 GAR) cada uno de los lados del borde superior". La superficie de la tapa da por lo tanto una superficie total del techo de $60 \times 60 = 3\,600$ m^2, igual a la superficie de la base. Medidas que corresponden a la hipérbole propia del mito. El arca es un cubo enorme: tiene 3 600 m^2 cada una de sus caras; la base, sus paredes y su techo son de 60×60 m. La traducción libre propuesta de los seis versos que van del 57 al 62 tiene por objeto permitir la comprensión inmediata de la idea que, expresada en la forma usada en la época en que se escribió el poema, resulta muy confusa.

140. Literalmente, "seis techos (es decir seis entrepisos), sin contar la cubierta".

141. Estos tres versos dicen, literalmente: "la teché en seis / la dividí en siete / en su interior dividí por nueve". Es decir que, al construir seis entrepisos interiores, quedaría dividida en siete pisos, cada uno de los cuales, a su vez, tendría nueve compartimentos: en total, 63 habitaciones.

142. La traducción de *niqqu* por 'calafateado' es conjetural, pero parece lógica por el contexto, ya que las materias usadas no pueden tener otro objeto más que ése. No se entiende con qué finalidad apartó el marino 7 200 litros de aceite (verso siguiente).

143. Éste y el siguiente verso están mutilados. Sólo se lee que algo "era difícil" y algo "se equilibraba arriba y abajo". Se ha reconstituido de diversas maneras. Opto por la conjetura del peso repartido dentro de la barca como factor de desequilibrio. Al quedar bien repartido el peso, el barco se hundiría uniformemente en dos terceras partes.

144. En acadio, "el aspecto del día".

145. Es un verso difícil de comprender. Se podría referir a la fiebre local que produce un llanto intenso y prolongado, o bien a que, como sugiere J. Bottéro, los dioses, privados de las libaciones que los hombres les ofrecían, ardían de sed (*EG*, p. 192, n. 1).

146. Literalmente, "golpeaban como una parturienta". Parece ser la imagen de los manotazos que daría a diestra y siniestra una parturienta enloquecida por el dolor. Para que se comprenda la metáfora añado la glosa "como manotazos"; de otra manera no se entenderían los golpes de parturienta atribuidos a los vientos y a la tempestad.

147. Literalmente, "como una azotea parecía la planicie". Se entiende que se trata de la masa de agua que se inmoviliza después de la tempestad y queda tersa como la terraza lisa del techo de una casa en un país seco.

148. Este verso no es necesariamente despectivo respecto de los dioses, que se juntan como moscas en torno al sacrificio. Más bien parece el inicio de una alusión a algún mito que no ha llegado hasta nosotros y que comenta el pasaje que sigue: según éste, la diosa Mah (la misma que Bêlet-ili o Mammi, la confeccionadora de la especie humana) recibió un collar de perlas de lapislázuli con forma de grandes moscas que le regaló Anu después de hacerle el amor, quizá ese mismo día, como consecuencia del regocijo por el fin del diluvio. Así, los dioses que en forma de moscas se juntaron ahí se habrían transformado en un collar de lapislázuli como regalo de Anu para Mah.

149. Aquí se reanuda la narración interrumpida al final de la Tablilla X (col. vi, 25) por la interpolación de la historia del diluvio. En aquel pasaje se comparaba al que duerme y al muerto. Los versos que siguen son la continuación lógica de ese tema: Gilgamesh es sometido a la prueba de la vigilia, es decir, a no dormir durante siete días y siete noches. Sucumbir al sueño no sólo es prueba de la debilidad de la naturaleza humana, cuya máxima consecuencia es la mortalidad, sino, más aún, el sueño es en sí una pequeña muerte.

150. La fórmula introductoria del estilo directo vuelve a ser la de la Tablilla X (fórmula corta: *X ana šašuma izakara ana Y*, "X a él habló, a Y", que traduzco como "X se dirigió a Y", en vez de la fórmula larga: *X pâšu ipûšma iqabî/ izakkara ana Y*, "X hizo su boca (es decir 'tomó la palabra'), dijo y habló", que traduzco: "X tomó la palabra y dijo, dirigiéndose a Y"), otra prueba de que el hilo de la narración de esa tablilla debía continuar en este pasaje, sin incluir la narración del diluvio.

151. Literalmente, "la humanidad falible falla" (el verbo, *raggat* < *rabāgu*, indica lo contrario de *kênu*, 'ser seguro, firme, leal, verdadero').

152. Literalmente, "esta planta es planta de la ansiedad", porque quita la preocupación por la muerte.

153. Los tres versos que siguen muestran la impotencia de Gilgamesh para volver a intentar apoderarse de la planta de la juventud. Palabra por palabra: "la masa de agua ha subido veinte *bêru*, / el hoyo cuando lo abrí [. . .] se cayeron los útiles, / qué signos que estén puestos conmigo (para mí) en verdad yo me retiré / y la barca se quedó en la orilla". ¿La "masa de agua" que se menciona aquí representará una marea gigantesca o simplemente la profundidad a la que está la planta? ¿Los instrumentos con que excavó la tierra para sacar las piedras que le permitieron

sumergirse, se le perdieron en el agujero que hizo; y ha perdido las señas para volver hasta la barca que se quedó en la ribera (y que alejó la resaca)? El texto, por lo demás apenas mutilado, deja enigmáticas las razones de su impotencia. La traducción es libre y conjetural.

154. La Tablilla XII incorpora parte del poema sumerio conocido como *Gilgamesh y el Árbol Huluppu*, en que el descenso de Enkidú al mundo de los muertos —es decir su muerte— se explica por haber bajado al Infierno a buscar dos objetos (tambor y baqueta o bien aro y vara) que Inanna (la Ishtar sumeria) le había dado a Gilgamesh como recompensa por haber desalojado de su Árbol Huluppu al maléfico pájaro Anzu. En el poema acadio se toma únicamente la parte en que el fantasma de Enkidú sale del Infierno para dar cuenta a Gilgamesh de lo que ha visto en el inframundo y lo que le espera a Gilgamesh a su muerte. Se ha discutido mucho el significado de los dos objetos misteriosos, el *pukku* y el *mekku*. Ciertamente son símbolos de poder y probablemente, por ser don de Ishtar, la diosa del amor, su simbolismo tenía alguna connotación sexual, puesto que el rey estaba investido para regenerar año con año a la sociedad humana.

155. Los tabúes que Gilgamesh enumera (versos 11-30) coinciden con los que había descuidado igualmente Innana-Ishtar en otro poema, donde aparece un pasaje en buena parte paralelo al del poema sumerio y al de nuestra Tablilla XII.

156. El sujeto, "los espíritus de los muertos", no aparece sino hasta el verso 20. Lo introduzco aquí para hacer comprensible la lectura de los versos que siguen.

157. Los *etimmu*, los muertos mismos en su estado semi-inmaterial, son comparados con las sombras y con el viento, pero tienen necesidades básicas (comer y beber), que satisfacen gracias a las ofrendas funerarias que les proveen sus descendientes vivos.

158. Literalmente, "abre su brazo / derecho entra al palacio; abre su brazo"; es una expresión equivalente a "está dispuesto a trabajar", es activo, diligente y, por lo tanto, tiene entrada libre al palacio, lo que es un honor y un privilegio.

BIBLIOGRAFÍA

1. EDICIONES BÁSICAS DE LA LEYENDA

a) Versión estándar:

Thompson, C., *The Epic of Gilgamesh*, Oxford University Press, Oxford, 1930.

b) Versión paleobabilónica:

Jastrow, M. y A. T. Clay, *An Old Babylonian Version of the Gilgamesh Epic*, Yale Oriental Series / Researches, vol. IV, 3, Yale University Press, New Haven, 1920.

c) Para una bibliografía completa de los numerosos fragmentos de ambas versiones, consultar:

Reallexikon der Assyriologie, Walter de Gruyter, Berlin-New York, 1957. III Band, p. 357-374.

2. EDICIONES Y TRADUCCIONES DE LA LEYENDA CITADAS

a) Ediciones en español:

Bartra, A., *La Epopeya de Gilgamesh*, Escuela Nacional de Antropología e Historia, México, 1963.
Blixen, H., *El Cantar de Gilgamesh*, Montevideo, 1980.
Lara, Federico, *Poema de Gilgamesh*, Editora Nacional, Madrid, 1980.
Malbran-Labat, Florence, *Gilgamés, 7. Documentos en torno de la Biblia*. Verbo Divino, Estella (Navarra), 1982. (Traducción al español de Nicolás Darícal.)

b) Algunas traducciones a otras lenguas:

Bottéro, J., *L'Épopée de Gilgamesh*, Gallimard, Paris, 1992.
Dalley, S., *Myths from Mesopotamia*, Oxford University Press, 1989, p. 39-153.
George, Andrew, *The Opening of the Epic of Gilgamesh*.
Kovacs, M., *The Gilgamesh Epic*, Stanford University Press, 1989.
Kramer, S.N., *Lorsque les dieux faisaient l'homme*, Gallimard, Paris, 1989.
Kwasman, T., *A New Join to the Epic of Gilgamesh. Tablet I*, Nabu, 1988.
Labat, R., "L'Épopée de Gilgamesh", en R. Labat; A. Caquot; M. Szyncer y M. Vieyra (eds.), *Les Réligions du Proche-Orient Asiatique*, Fayard-Denoël, Paris, 1970, p. 145-226.
Speiser, E. A., "The Epic of Gilgamesh", en *Ancient Near Eastern Texts Relating to the Old Testament*, Princeton University Press, Princeton, 1955, p. 72-100.
Schott, A. y W. Von Soden, *Das Gilgamesch Epos*, Reclam, Sttutgart, 1962.
Silva, J., *Nagbu: Totality or Abyss in the First Verse of Gilgamesh*, Iraq 60.

3. HISTORIA DE LA MESOPOTAMIA

Bobula, I. M., *Herencia sumeria*, Instituto Nacional de Antropología e Historia, México, 1967.
Cottrell, L. S., *Mesopotamia*, Joaquín Mortiz, México, 1976.
Garelli, P., *El próximo Oriente asiático / Nueva Clío 2*, Editorial Labor, Barcelona, 1974.
Garelli, P. y V. Nikoprowetzky, *El próximo Oriente asiático / Nueva Clío 2 bis*, Editorial Labor, Barcelona, 1981.
Kramer, S. N., *La historia empieza en Sumer*, Aymá, Barcelona, 1958.
Kramer, S. N., *La cuna de la civilización*, Ediciones Culturales Internacionales, Time-Life, México, 1983.
Kramer, S. N., *The Sumerians*, The University of Chicago Press, 1963.
Oates, J., *Babilonia*, Roca, México, 1990 (Colec. Enigmas de la Historia).
Oppenheim, A. L., *Ancient Mesopotamia*, The University of Chicago Press, Chicago, 1964.

4. ALGUNAS OBRAS Y ARTÍCULOS RELATIVOS A LA LEYENDA DE GILGAMESH

Garelli, P., "Gilgamesh et sa Légende", en *VIII Rencontre Assyriologique Internationale*, C. Klincksieck, Paris, 1960.

Heidel, A., *The Epic of Gilgamesh and the Old Testament Paralels*, The University of Chicago Press, Chicago-London, 1949.

Kramer, S. N., "The Epic of Gilgamesh and its Sumerian Sources", *Journal of the American Oriental Society*, 64 (1944), p. 7-23.

Lambert, W. F., "Gilgamesh in Literature and Art", en A. E. Farkas, *et al.* (eds.), *Monsters and Demons in Medieval World*, Verlag Phillip von Zabern, Mainz on Rhine, 1987, p. 37-52.

Landsberger, B., "Zur Vierten und Siebenten Tafel des Gilgamesch-Epos", en *Revue d'Assyriologie et d'Archéologie Orientale*, 57 (1968), p. 97-135.

Oppenheim, A. L., "Mesopotamian Mythology II", en *Orientalia*, 17 (1948), p. 17-58.

Tigay, J. H., *The Evolution of the Gilgamesh Epic*, University of Pennsylvania Press, Philadelphia, 1982.

5. Religión y literatura

Astey, L., *Enuma Elish*, Universidad Autónoma Metropolitana, México, 1989 (Colección de Cultura Universitaria 46, Serie Poesía).

Bottéro, J. y S. N. Kramer, *Lorsque les Dieux Faisaient l'Homme*, Gallimard, Paris, 1989.

Jacobsen, Th., *The Treasures of Darkness*, Yale University Press, New Haven-London, 1976.

Lambert, W. G., *Babylonian Wisdom Literature*, The Clarendon Press, Oxford, 1960.

Lambert, W. G. y A. R. Millard, *Atrahasis / The Babylonian Story of the Flood*, The Clarendon Press, Oxford, 1969.

Pritchard, J. B., *Ancient Near Eastern Texts Relating to the Old Testament*, Princeton University Press, Princeton, 1955.

Silva Castillo, J., "Diálogo del Pesimismo", en *Estudios Orientales*, VI/1, El Colegio de México, 1971, p. 82-92.

6. Obras citadas por su abreviatura

ANET: Pritchard, J. B., *Ancient Near Eastern Texts Relating to the Old Testament*, Princeton University Press, Princeton, 1955.

CAD: *The Assyrian Dictionary* (19 volúmenes aparecidos hasta la fecha), The Oriental Institute, Chicago, 1964. Las siglas representan el nombre con que comúnmente se denomina esta obra: "The Chicago Assyrian Dictionary".

EGE: Tigay J.H., *The Evolution of the Gilgamesh Epic*, University of Pennsylvania Press, Philadelphia, 1982.
EP: Bottéro, J., *L'Épopée de Gilgamesh*, Gallimard, Paris, 1992.
LDFH: Bottéro, J. y S. N. Kramer, *Lorsque les Dieux Faisaient l'Homme*, Gallimard, Paris, 1989.
MM: Dalley, S., *Myths from Mesopotamia*, Oxford University Press, Oxford, 1889.
RPO: Labat, R., "L'Épopée de Gilgamesh", en *Les Réligions du Proche-Orient*, Fayard-Denoël, Paris, 1970, p. 145-226.

NOTA: Al publicar esta segunda edición, contamos ya con dos referencias que no fueron indicadas en la primera edición de este libro, ya que se elaboró antes de la aparición de estas obras:

Pettinato, G., "La Saga di Gilgamesh" (3ª edición), Rusconi, Milán, 1993.
Tournay, R. J., y A. Shaffer, L'Épopée de Gilgamesh", Les Éditions du Cerf, Paris, 1994.